20世纪中国图书馆学文库·43

# 图书馆学概论

吴慰慈　邵巍　编著

国家圖書館出版社

本书据书目文献出版社 1985 年 11 月第 1 版排印

# 目　　次

# 前　　言

　　本书系统地概述了图书馆学的基本理论和基本知识,对图书馆工作的技术方法未做详细的介绍,所以它是一本导论性的教程。

　　这本教材是在我们所写讲稿的基础上加工整理而成的。为了使它能够反映当前我国图书馆学的研究水平,我们在编写过程中,吸取了国内外有关的研究成果,引用了某些专著或论文中的观点和材料,在此我们谨向原作者表示深切的谢意。

　　由于水平所限,时间仓促,本书的缺点和错误在所难免,希望广大读者,特别是从事本课程教学工作的师友不吝赐教,以利将来进一步修订。


吴慰慈

1985 年 6 月于北京大学

# 绪　　论

　　在高等图书馆学教育的教学计划中,图书馆学概论是一门基础理论课,其教学对象大都是刚开始接触图书馆学的本科(或专修科)新生。他们从中学考入大学,在文史哲或数理化方面,一般都具有一定的基础知识,而对图书馆学则感到陌生,既缺乏感性认识,也缺少理性认识。面对这样的教学对象,就决定着在这门课程的教学中,必须进行专业启蒙教育,使学生从整体上来认识图书馆学这门学科。图书馆学概论正是承担这一任务的。

　　这门课程虽然担负着专业启蒙教育的任务,但它作为图书馆学专业的一门基础理论课程,应该以研究本学科的基础理论作为自己的核心内容。图书馆学的发展,从根本上来说是理论的发展,当代图书馆学的发展趋势是重视和加强基础理论和应用理论两个方面的研究。因此,这门课程的范围主要是侧重于图书馆学的基本理论。其教学目的是:使学生全面认识当代图书馆学的基本问题,系统地掌握图书馆学的基础理论和基本知识;向学生提供国内外图书馆学基础理论和应用理论方面的研究情况,开拓他们的视野,增强事业心,为以后学习图书馆学的其它课程奠定初步基础;将教学工作和国家的图书馆事业建设结合起来,对学生加强智能培养,提供科学研究的方法指导,培养他们独立工作的能力和科学研究的能力。

　　这门课程不是图书馆学各个专门部分的简要入门,也不是停留在对图书馆工作过程的描述上,其研究对象是现代图书馆的理论与实践的各种综合性问题。因此,我们先对图书馆学的特点、功用及学习方法作一个简要的介绍是必要的。

## 一、图书馆学的特点

图书馆学是研究图书馆事业及其相关因素的一门科学。概括起来,这门科学具有以下三个特点:

第一,图书馆学是一门年轻的、正在发展中的科学。

在人类社会的发展过程中,无论是物质文明的进步,还是精神文明的进步,都与图书馆有着极为密切的关系。图书馆在社会主义现代化建设中同样起着重要的作用。现有资料表明,早在公元前七世纪,世界上就有了图书馆。在此后的几千年时间里,随着人类社会的进步,图书馆无论从形式上,还是从职能上都发生了巨大的变化。然而,以图书馆事业为研究对象的图书馆学的出现,则是近百年的事。以往,图书馆学知识都分散在其它学科之中。从1807 年德国的施莱廷格(Schrettinger, M. W.)首次使用"图书馆学"一词以来,中间经历了八十年的孕育时期,直到1887 年德国哥丁根大学开办了图书馆学讲座,才标志着图书馆学作为一门独立学科的诞生。本世纪三十年代,美国"芝加哥学派"的崛起和印度学者阮冈纳赞(Ranganathan, S. R.)的《图书馆学五原则》的问世,才使图书馆学逐渐从专注于操作技术与方法的研究转变到理论上的研究。此后,图书馆学理论才真正开始成长、繁荣。与其它成熟的、古老的学科相比,图书馆学是一门年轻的、正在发展中的学科。因而,它有着广阔的发展前景,有着许多未被开拓的领域,有着丰富的研究课题。它是研究者们大有作为的天地。

第二,图书馆学是一门与实际结合得十分紧密的学科。

学科的名称往往反映着学科的对象。图书馆学,顾名思义,是研究与图书馆有关的一切事物的科学。图书馆是为一定的目的而设置的社会机构。它本身有其特定的工作实践。图书馆学的理论，一般说来，都是为图书馆工作实践服务的。一方面它是图书馆工作实践的经验总结；另一方面，它要指导图书馆的工作实践并接受其检验。因此，图书馆学的理论具有强烈的针对性、专指性。它始终与图书馆的工作实践紧密相联，图书馆学的理论与图书馆实际稍一脱节，或者它就是纸上谈兵，或者它就变成了其它的理论。在整个图书馆学的体系结构中，应用图书馆学的研究占有较大的比重。

第三，图书馆学是一门必须吸取其它科学技术的营养来壮大自己的学科。

图书馆中的藏书是人类文明的记录。各种思想，各门知识在图书馆的藏书中都有所反映。图书馆的读者几乎包括了社会上各种学科的学者、各种学校的学生及其它各种有文化的人。图书馆员的工作，从理论上说，是从事知识管理的工作。因而开展图书馆学研究，也必须相应地应用各种学科的知识和方法。只有这样，才能发现和总结出图书馆活动的规律。此外，图书馆作为一种人类社会特有的机构，它对人类社会的文明、进步所起的巨大作用的原因、机制和方式，以及图书馆的起源、本质等问题，也必须用跨学科的方法进行研究，方能得出合乎实际的结论。再有，图书馆学具有很大的对其它学科的包容性和对新技术的敏感性。特别是现代科学技术的理论与方法，为图书馆学的深入发展创造了良好的条件，加快了它走向成熟的步伐。

总之，图书馆学是一门内容丰富、知识性强的科学。随着人类社会和科学技术的不断发展，图书馆学的地位和作用将越来越多地受到人们的重视。

**二、图书馆学的功用**

图书馆学知识对于社会主义现代化建设有着不可忽视的

作用。

首先,学习图书馆学对于发展我国的图书馆事业,提高全民族的科学文化水平有着重要的意义。

我国是世界文明的发祥地之一,具有悠久、古老的文化传统,曾经也是图书馆事业发达的国家。但是,近代以来,由于种种原因,我国的图书馆事业的发展速度缓慢,规模不大。在社会主义现代化建设蓬勃发展的今天,我国图书馆事业的落后状况,显然已经跟不上形势发展的需要,使人民群众学习文化知识的要求受到影响。学习图书馆学知识,可以使我们了解图书馆活动以及图书馆事业发展的规律,明确发展图书馆事业的方向,选择正确的方法和途径,从而为国家制定发展图书馆事业的决策提供理论上的依据。

其次,学习图书馆学,有助于促进科学技术现代化的实现。

四个现代化的关键是科学技术的现代化。实现科学技术现代化的重要保证之一是图书馆工作的现代化。学习图书馆学知识,可以直接为实现图书馆工作的现代化服务。图书馆工作的质量和水平,影响着科学技术的发展。在发达国家中,图书馆工作的现代化也标志着科学技术现代化的程度。因而将图书馆学知识应用于图书馆工作的现代化建设中去,无疑在客观上将会对科学技术现代化的实现产生积极的影响。

第三,学习图书馆学,有助于我们掌握良好的学习方法,养成自学的习惯。

在发达国家中,中小学生都要学习图书馆学知识,以便学会利用图书馆进行自学。在我国,由于图书馆事业不够发达,因而利用图书馆进行自学的现象还不够普遍。同时,也由于图书馆学知识没有普及,许多人尚未意识到图书馆在个人的教育消费中的地位和作用,结果使现有的图书馆未能很好地发挥应有的作用。图书馆管理着人类所有的知识,图书馆学也正朝着知识管理学的方向发展。学习图书馆学,不但可以使我们学会如何利用图书馆进行自学,而且也可以提高我们驾驭和管理知识的能力。因此,对于立志将自己培养成为祖国现代化建设人才的同志来说,学习图书馆学知识,就显得更为重要。

第四,学习图书馆学可以为今后从事图书馆工作打下坚实的基础。

从事图书馆工作,必须具备图书馆学知识,这一点不容置疑。问题是目前我们有许多从事图书馆实际工作的同志,由于种种原因而没有系统学习过图书馆学知识,因而在工作中经常出现这样那样的问题,影响了图书馆为读者服务的质量。只有学好图书馆学,才能做一名合格的图书馆工作者,才能更好地为读者服务。

第五,学习图书馆学,可以为发展这门学科贡献力量。

图书馆学产生的历史不长,在社会上的影响还不够大,因此,迫切需要更多的人来学习这门科学,关心它的成长。在新技术革命浪潮的影响下,信息社会正在向我们挑战。图书馆学也必须在新形势下,扩大自己的研究范围,开拓新的研究领域,丰富研究内容。所有这些,都需要学习过图书馆学知识的人们的共同努力才能实现。所以,让更多的人来学习图书馆学,对于这门学科的兴旺发达将会起到有力的推动作用。

### 三、学习图书馆学的方法

学习方法问题是个很复杂的问题,往往是因人而异的。我们在这里谈的学习图书馆学的方法,也只是针对这门学科的特点,指出一条入门的途径。"万事开头难",但只要入了门,深造也是容易办到的。

概括起来,学习图书馆学的方法大致有以下几个方面:

第一,要勤于思考。

图书馆学在科学之林中是一门新学科。它本身决没有束缚研究者、学习者思想的桎梏。它所需要的是新东西,新提法。这也是它的生命力之所在。因此,要求学习者要边学边想,不要拘泥于死记硬背现成的条文,而应该积极思索,探求找出新的思想的途径。

第二,要多接触图书馆实际,使所学的知识活起来。

图书馆学是一门实践性很强的科学。它要求学习者必须具有一定的图书馆的感性知识,才有可能真正理解图书馆学的理论。因此,学习者必须利用各种机会,尽可能多地接触图书馆,熟悉图书馆,增加对图书馆工作的感性认识。这样,才能消化图书馆学中的一些理论观点。同时也能从中发现问题,找出与实际有出入的地方,从而学到活的知识。

第三,要扩大自己的知识面,从多种角度来理解图书馆学理论。

图书馆学的建立是需要一定的科学技术发展阶段为基础的。它必然要伴随着现代科学技术的发展而发展。孤立地、狭隘地、简单地去认识图书馆学是没有出路的。必须扩大自己的知识面,用多种学科的方法,站在不同的角度,全面地、完整地看待图书馆学问题。这样,才有可能真正理解这门学科的本质,进而发现别人没有发现的问题,总结出新的结论。

第四,要将图书馆学概论课与其它图书馆学专业课联系起来学习,以便使图书馆学的知识融会贯通。

图书馆学概论主要讲图书馆学基础理论问题。要想真正掌握图书馆学理论,必须与其它专业课联系起来学习。要通过自学去了解其它不作课堂讲授的图书馆学体系中的内容,例如:图书馆事业史、图书馆学发展史、图书馆学的比较研究、图书馆学教育等等。这样,就可以从整体上去把握图书馆学的基本问题,举一反三,触类旁通,掌握学习的主动权。

总之,如何学好图书馆学,还需要大家在学习的过程中不断总结经验,互相交流心得体会,明确学习目的,端正学习态度,讲求实效。只要方法得当,就一定会取得丰硕的学习成果。

# 第一章　图书馆学的学科体系

图书馆学的学科体系,是图书馆学理论研究中的基本问题。对这个基本问题的研究及其成果,反映着图书馆学的发展过程,标志着它的理论水平,关系着它在整个科学体系中的地位。

在这一章里,我们将分别就图书馆学的研究对象、任务,图书馆学的内容及体系结构,图书馆学的性质,图书馆学的相关学科,以及图书馆学的研究方法等问题,分别加以讨论。

## 第一节　图书馆学的研究对象

任何一门科学都有其特定的研究对象。图书馆学也不例外。所不同的是,图书馆学的研究对象,从图书馆学诞生之时起就成为人们争论的一个问题。据有人统计,到目前为止,国内外有关这一问题的不同观点有数十种之多。因此,图书馆学的研究对象尚有一定的不确定性。究其原因,概括起来主要有两个:一是对同一事物因各人所站角度、所用方法之不同而结论也不相同;二是由于图书馆学所研究的对象本身还在发展、变化,其本质属性尚未被充分揭示,因而人们对它的认识也存在着差异。由此,图书馆学的研究对象问题,是图书馆学中最复杂的基本理论问题之一。弄清楚这个问题,对于深入揭示图书馆学的本质,推动学科发展,具有重要的意义。

那么，人们对图书馆学的研究对象是怎样去认识的呢？

**一、图书馆学研究的微观对象与宏观对象**

总的来说，对于图书馆学研究对象的意见分歧，集中表现在微观对象与宏观对象问题上，即图书馆学研究的对象是微观对象，还是宏观对象。所谓微观对象是指图书馆的多方组成要素以及知识、信息；所谓宏观对象是指图书馆及图书馆事业。实际上，图书馆学的研究对象应当包括微观与宏观两个方面。因为任何宏观对象都是由种种微观客体组成的体系。宏观体系就是整体，微观客体是它的部分，不弄清微观组成的状况，就无法透彻了解作为整体的宏观系统。另一方面，事物的宏观性质并不完全等于它的微观成分的性质和代数和。作为整体的宏观体系是由许多部分的微观客体组成的，它又具有各个部分本身所不具有的整体性。许多宏观属性可以从微观机制上得到说明，但不可忽略宏观属性终究是作为整个系统具有的特点。所以，微观探索与宏观考察应当是相辅相成的。我们既要看到微观探索是宏观考察的基础，又要看到微观探索不能完全代替宏观考察，对宏观体系的专门研究在任何时候仍有其相对独立的、重要的意义。

**二、图书馆学研究的角度与方法**

人们对于图书馆学研究对象的认识，在角度与方法上发生了这样几个方面的变化：

第一，由对个体图书馆的研究，发展到对群体图书馆的研究，即对图书馆事业的研究；

第二，由只研究图书馆，发展到研究与图书馆有关的知识、信息等问题；

第三，由孤立地去研究图书馆及其各个组成部分，发展到用联系的观点，从社会的、心理的、经济的、科学的观点去研究图书馆与社会、图书馆与人类信息交流的关系；

第四，由静止地看待图书馆，发展为将图书馆看成是一个"不断发展着的有机体"；

第五，由单纯去研究图书馆的对象问题，发展到找寻图书馆学的理论基础。

凡此种种，不一而足。这些变化反映出人们对图书馆学研究对象的认识正在不断深入。

### 三、国外关于图书馆学研究对象的认识

国外（主要指欧美）关于图书馆学研究对象的认识，主要有以下几种代表性观点：

1. 图书馆学应当研究图书馆工作中的实际技术。代表人物是德国的图书馆学家艾伯特（Ebert, F. A.）。他认为，图书馆学是图书馆员执行任务时需要的一切知识和技巧的总和。此后，美国著名的图书馆学家杜威（Dewey, M.）等人也相继提出了内容与之大致相同的理论。这种观点对图书馆学研究的影响是深远的。

2. 图书馆学的研究对象是图书与读书现象。这是美国著名图书馆学家、芝加哥大学图书馆学院教授巴特勒（Butler, P.）的看法。他在 1933 年出版的《图书馆学引论》一书中，提出了一个著名的观点："图书馆是将人类记忆的东西移植于现在人们的意识之中的一个社会装置。"他把读书现象与图书馆的本质属性联系起来加以研究，发现了社会知识是以图书为媒介，通过人们的阅读行为进行传递交流的现象。这种看法在西方国家的图书馆界影响很大，人们认为巴特勒开拓了图书馆学对象研究的新领域。

3. "知识社会学"。这是德国图书馆学家卡尔施泰特（Karstedt, P.）提出来的。他引进了一个新概念，即"客观精神"。他认为，图书是客观精神的载体，图书馆是客观精神得以传递的场

所。有了图书馆这样的社会机构,人类文化的创造和继承才有了可能。他认为,"客观精神"是知识社会学的研究对象,而"知识社会学"正是图书馆学的理论基础。

4."社会认识论"。这是美国图书馆学家谢拉(Shera, J. H.)提出来的。他认为,应把知识作为整个社会组织中独立的要素,尤其是作为以书面交流为基础的认识体系进行研究。图书馆正是实现这种知识的书面交流的社会机关。图书馆工作是人类知识的管理。谢拉认为"社会认识论"是图书馆工作和图书馆学的科学依据,因此他将知识及其交流也作为图书馆学研究对象的组成部分。

5."知识基础论"。这是英国图书馆学家布鲁克斯(Brookes, B. C.)将世界著名哲学家波普(Popper, K. R.)的"世界3"理论移植于图书馆学中以后产生的。波普将世界划分为三个部分:一是"物理实体的宇宙",即"世界1";二是"精神状态世界,包括意识形态、心理素质和非意识形态",即"世界2";三是"思想内容的世界,实际上是人类精神产物的世界",即"世界3"。它包括科学理论,科学问题,社会结构,艺术作品,杂志、书籍,以及图书馆的内容等等。波普认为,每一本书都包含有"客观知识",所有的科学工作都是为了发展客观知识。他设想,如果物质文明毁灭了,只要图书馆存在,人们就可以利用它保存的知识,去重建新的文明。而如果图书馆连同物质文明一同毁灭了,则重建人类文明是不可能的。波普的"世界3"理论对图书馆学研究产生了影响。布鲁克斯说:"波普的第三世界理论应受到图书馆学家和情报学家的欢迎,因为他首次为他们的职业活动提供了理论基础。"

不难看出,西方的图书馆学家正在扩大图书馆学研究对象的范围,由对图书馆实际技术的研究转到研究读书现象,再变为研究与图书馆所藏图书的内容——知识有关系的一切方面,以此来为图书馆学奠定理论基础。

#### 四、我国关于图书馆学研究对象的认识

图书馆学的研究对象，一直是我国图书馆学研究者十分关心的问题。在本世纪五十年代中期至六十年代中期及近几年来，我国图书馆学界就这一问题进行过热烈的讨论。这些讨论对于研究的深入起了积极的作用。我国关于图书馆学研究对象的认识，概括起来主要有以下四种代表性的观点：

1."要素说"。"要素说"有一个发展过程。我国较早提出"要素说"的有陶述先先生，他于 1929 年在《图书馆广告学》中说：图书馆，其要素有三：书籍、馆员和读者。1932 年杜定友先生在《浙江图书馆月刊》发表的《图书馆管理法上之新观点》一文中，认为图书馆有书、人和法三个要素。书指的是图与书等一切文化记载；人指的是阅览者；法包括设备、管理方法与管理人才。三个要素之间是"三位一体"的关系，并以书、法、人的次序来解析图书馆事业发展的重点。他认为这三个要素是图书馆学的主要内容——图书馆事业的理论基础。

1934 年刘国钧先生在《图书馆学要旨》一书中指出："图书馆成立的要素，若加以分析，可以说有四种：①图书；②人员；③设备；④方法。图书是原料；人员是整理和保存这些原料的；设备包括房屋在内，乃是储藏原料、人员、工作和使用图书的场所；而方法乃是图书所以能与人发生关系的媒介，是将图书、人员和设备打成一片的联络针。分别研究这四种要素便成为各种专门学问。"1957 年，他又写了《什么是图书馆学》一文，在这篇论文中，进一步发展了图书馆要素的说法，明确指出："图书馆事业有五项组成要素：①图书；②读者；③领导和干部；④建筑设备；⑤工作方法。"并认为"图书馆学所研究的对象就是图书馆事业及其各个组成要素"，分别就这五项要素进行研究，就构成了图书馆学的整体，中心内容是技术方法。

"三要素"、"四要素"、"五要素"等说法,都是在当时的历史条件下,对图书馆学研究对象所作的一种表述方式,在图书馆学理论研究领域中具有一定的影响。

2."矛盾说"。在我国,应用分析矛盾的方法来确定图书馆学的研究对象,大约开始于五十年代末关于图书馆工作基本矛盾问题的讨论之时。这类主张的倡导者是根据毛泽东同志在《矛盾论》一文中阐述的科学对象区分的原理对图书馆领域中特殊矛盾进行分析,认为图书馆工作是收藏图书与读者利用这一对特殊矛盾的统一体。尽管人们对图书馆的特殊矛盾的认识有所不同,但都承认矛盾着的两个方面,是互相联系、互相依存、互为因果、互相对立的。例如:

①藏与用的矛盾:藏是用的条件,用是藏的目的,没有藏就谈不上用。图书馆藏书工作做得好,就能促进书刊的利用;反过来图书馆藏书利用率高,发挥的作用大,又能促进图书馆的采购、分编、典藏等工作。但在图书馆实际工作中,藏与用又存在着矛盾的方面,像读者借书时限和数量的规定,开架借阅和闭架借阅等都是藏与用之间矛盾的表现形式。研究藏与用的矛盾,就是要不断地调整两者之间的关系,把图书馆工作做好。

②收藏与提供的矛盾:系统收藏是为了反复提供,反复提供必然要求系统收藏,图书馆工作是在这一对矛盾运动中向前发展的。

③管理与利用的矛盾:管理是为了利用,为了更好的利用就必须科学管理;利用是图书馆工作的目的,管理是图书馆工作的手段,科学管理是为社会利用服务的。管理与利用这一对矛盾渗透于图书馆的各个工作环节,贯穿于图书馆工作过程的始终。在不同类型、不同规模的图书馆,其管理方法可能有繁有简,水平有高有低;利用的范围也可能有大有小,但任何一个图书馆都必须解决怎样管与怎样用以及管、用的关系问题。这是客观存在,是不以人们的意志为转移的。只有不断地解决好这一矛盾,才能使读者在

茫茫的知识海洋中,取得使用人类知识宝库的自由,图书馆的社会职能才能得到最充分的发挥。

从分析矛盾特殊性出发来寻求和解答图书馆学的研究对象,这不仅加强了图书馆学的理论建设,而且对图书馆的实际工作也具有积极的意义。

3."规律说"。"规律说"是"矛盾说"的延伸和发展。"矛盾说"是从分析矛盾入手,但又不以认识矛盾为局限,其目的是为了解决矛盾。换句话说,分析矛盾并不是问题的终结,还要进一步探索矛盾双方的相互关系,从中找出规律性的东西。这就为"规律说"的诞生奠定了理论基础。

"规律说"经历着从图书馆的个体研究逐渐走向对图书馆事业的研究的发展过程。其基本论点是:图书馆事业是图书馆学的研究对象。图书馆作为一种事业,必须是按照一定的原则建立起来的组织形式,它主要包括图书馆事业的领导关系、法令法规、管理制度以及图书馆网的组织等等。这些组织形式是充分发挥图书馆事业作用的一种保证。研究图书馆事业的发生发展、组织形式以及它的工作规律所形成的正确的知识体系便是图书馆学。

4."交流说"。"交流说"是现代科学技术迅速发展的产物。随着科学技术的飞速发展,图书馆在科学交流和情报传递中的作用也越来越重要。图书馆的产生和发展,大大地加快了图书情报的传递速度和科学交流的规模,它担负着传播知识、传递情报的社会职能。因此,有人主张图书馆学应研究图书馆在科学交流和情报传递中的地位和作用。他们认为,图书馆是科学交流和图书情报传递系统中的重要渠道和不可缺少的环节。图书馆一方面是图书情报的吸收源,搜集图书情报是它作为吸收源的主要手段;另一方面它又是图书情报的发生源,向读者提供图书情报是它作为发生源的主要手段。图书馆从搜集图书情报到提供图书情报,是一个图书情报交流和传递的过程,同时也是一个图书情报的检索过程。图书馆正在起着情报中心的作用。

最近几年,我国图书馆学研究出现了前所未有的繁荣景象。在图书馆学研究对象问题上,提出了以下新的见解:

①图书馆学的研究对象是"要素说"、"矛盾说"、"规律说"的综合体——图书馆(指逻辑意义上的图书馆概念);

②图书馆学应研究文献资源(文献信息)的开发与利用;

③图书馆学应以知识资源的存贮与利用作为研究对象;

④图书馆学应研究图书馆活动规律;

⑤图书馆学应研究文献知识的交流与传递;

⑥图书馆学应把图书馆作为一种中介物进行研究。

此外,也有人主张将"文化学"、"知识学"作为图书馆学的理论依据。实际上,上述提法有些是前面四种观点的具体体现,只不过表述的方式不同罢了。这些观点反映了人们对这一问题的思路逐渐开阔起来了。

**五、图书馆学的研究对象是图书馆事业及其相关因素**

从以上分析可以看出,在图书馆学对象问题上,直到目前仍然是众说纷纭,但在各色各样的立论之中,我们仍可概括出带有一般倾向性的看法:图书馆事业及其相关因素是图书馆学的研究对象。但这种研究应包括微观与宏观两个方面,既研究微观对象,也研究宏观对象。从对图书馆学对象的认识过程来看,确定研究对象应注意以下四点:

1. 图书馆学的对象必须要与学科名称相一致。图书馆学如果不研究图书馆事业,那就不是图书馆学了。但研究图书馆事业的哪些方面,则是可以讨论的。国外提出的种种理论,之所以称为图书馆学的理论基础,是因为它们不能充分揭示图书馆学的全部内容。尽管在研究对象上是可以交叉的,然而这交叉的部分必须是对图书馆学研究对象在微观或宏观上的深入,方能得到图书馆学的承认。因此,我们把研究知识、信息、交流等问题,看成是图书馆学在微观对象上的深入,而把研究图书馆事业看成是在宏观上的发展。

2.图书馆个体按照一定的原则,组织成为图书馆群体,我们把它叫做图书馆事业。由于图书馆事业是个不断发展的有机体,因此,对它的研究就不可能是封闭式的,而应当是开放式的。图书馆学不仅要研究图书馆事业的过去,也要研究它的现在和未来;不仅要研究图书馆自身的结构,也要研究它在社会信息交流系统中的地位与作用以及它的作用机制;不仅要研究图书馆及图书馆事业的整体,也要研究它们的各个组成部分,包括研究文献、知识、情报等。总之,一切与图书馆及图书馆事业有关的因素,都是图书馆学研究的对象。只有这样,才便于扩大图书馆学的研究范围,开拓新的领域,吸收其它学科的营养,促进其自身的发展。

3.图书馆学的研究对象与其它科学的对象有一个明显的区别,即它的研究对象包括着图书馆这样一种社会机构。这个机构不是一般意义上的自然的或社会的现象,而是一种人为现象。我们知道,数学的研究对象是现实世界中的空间形式与数量关系;化学的研究对象是物质的组成、结构、性质及其变化,以及变化过程中的能量关系;语言学的研究对象是语言;教育学的研究对象是教育现象;逻辑学的研究对象是人类的思维形式等等。图书馆学的研究对象则与它们不同,它包括着图书馆这样一种社会机构,因此就有一定的局限性。社会机构的产生是一种社会现象发展到一定阶段而引起的。图书馆和图书馆事业是人类信息交流这样一种社会现象发展到一定阶段的产物。因而,研究图书馆活动,就必须研究信息交流。这与其它科学的情况正好相反。经济学通过经济现象去研究工厂,而它不叫作"工厂学";教育学通过教育现象去研究学校,也不叫"学校学"。图书馆学则恰恰相反,它是通过图书馆去研究人类的信息交流。因此,图书馆学的研究对象必须包括与图书馆事业有关的因素,特别是要研究人类的信息交流,以克服其研究对象自身的局限性。

4.对象与任务不同。对象指的是客体,任务则是通过对对象的研究,去找出关系,揭示本质,发现规律。因此,图书馆学的对象是图书馆事业及其相关因素,指的就是这种客体。通过研究客体而发现规律,则是图书馆学的任务。这一点是应当有所区别的。

总之,在图书馆学研究对象上的意见分歧,往往是认识过程中的差异。综合起来看,这些不同观点的内在倾向性是一致的,都是落脚于图书馆事业之上的。因此,将不同观点在其共同的基础之上统一起来,对图书馆学研究对象的确定是大有益处的。

## 第二节　图书馆学的研究内容与体系结构

图书馆学是各个分支图书馆学科的总称,其内容十分丰富。随着科学技术的发展,图书馆学的研究内容也在不断扩大。随着人们对图书馆学的了解和掌握,必然向它提出许多新的要求,这就促使图书馆学不断出现新的分支学科。就目前的情况看,图书馆学的体系结构,大体上可以这样来描述:

### 一、普通图书馆学

它指的是研究图书馆学基本问题,图书馆事业建设的基础理论,图书馆工作原理、特点及其规律的图书馆学。其内容包括:研究图书馆的性质、职能,图书馆事业建设原理,图书馆事业组织和管理体制,图书馆网络化的理论与实践,图书馆工作过程及其特点,图书馆的工作规律,图书馆在人类信息交流中的地位与作用,以及图书馆学教育和图书馆学研究规划,图书馆的未来与现代化问题等等。此外,普通图书馆学还包括:图书馆事业史和图书馆学发展史的研究。

## 二、专门图书馆学

它指的是专门研究图书馆的各种类型及其特点的图书馆学，其内容包括：研究公共图书馆（包括国家图书馆、省市图书馆等）、大学图书馆、科学专业图书馆的工作原理、特点、任务及其特殊的性质、职能，以及它们的组织形式、管理体制和发展趋势等。各类型的图书馆还有：版本图书馆、儿童图书馆、盲人图书馆、工会图书馆、农村图书馆等等。

## 三、比较图书馆学

它是从本世纪五十年代起逐步形成的一门新兴学科。同比较人类学、比较法学、比较语言学、比较社会学、比较教育学一样，比较图书馆学也不是一门独立的科学，而是图书馆学的一个分支学科。比较图书馆学的研究对象是世界各国的图书馆事业。它从社会政治、经济、文化、思想和历史的角度出发，对两个或两个以上国家的图书馆、图书馆体制、图书馆事业发展中的经验或问题进行比较研究，其目的在于了解并掌握它们之间的共同点和差异点，并对这些异差作出科学的解释，从而得出正确发展图书馆事业的准则。比较图书馆学的研究内容是相当广泛的。它以探索各国、各地区图书馆事业的发展规律及国际图书馆事业的协作为主要目标，以调查研究为主要方法。

比较图书馆学的研究类型，主要有以下三种：

1. 地域研究。这种研究把某一特定国家或地区的图书馆事业发展与有关的决定性背景因素联系起来，给以描述性的综述和批评性的分析。

2. 跨国研究。这种研究是对两个国家或更多国家中的某个技术性的图书馆工作问题，从多国度或多文化角度所作的研究。

3. 实例研究。这种研究深入地分析一种图书馆类型,或图书馆事业发展中的一种关键因素。例如,某一特定国家的图书馆学教育、图书馆网络等等。

**四、应用图书馆学**

它有两种含义:其一是指以图书馆工作为研究对象,研究图书馆工作的环节、程序、方法和技术的学科,这也可称为狭义应用图书馆学;其二是指将图书馆学的原理同有关学科某些实用研究结合起来,研究有关学科以及图书馆学本身所涉及的实践与应用方面的问题的新学科。它们大都是边缘学科。主要有:图书馆经济学、读者心理学、图书馆管理学、图书馆统计学、图书保护学、图书馆教育学等等。它们也可称为广义应用图书馆学。通常,人们所使用的是狭义应用图书馆学的概念。应用图书馆学的内容几乎包括了图书馆工作的各个方面,归纳起来主要有:

1. 图书馆藏书。主要研究图书馆选择和搜集出版物的原则和方法,出版物的类型和藏书成分的变化,出版物的供应制度,藏书的划分和藏书组织、排列、典藏和保护等。

2. 图书馆目录。主要研究图书资料著录的一般原则和方法,不同类型出版物的著录原则与方法上的特点,不同文字出版物的著录原则与方法上的特点,目录的种类,目录的组织,目录的体系,分类法与主题法以及电子计算机编目等。

3. 图书馆读者服务工作。主要研究读者心理和阅读规律,图书流通、图书宣传与阅读指导的原则和方法,图书情报服务,各类型图书馆读者服务工作的制度等。

4. 图书馆科学管理。主要研究图书馆工作的集中化、标准化和管理工作的现代化,各类型图书馆工作机构的设置、劳动组织、工作定额、工作计划、工作统计以及人事管理等。

5. 图书馆工作现代化。主要研究电子计算机技术、光学记录技术、声像技术等在图书馆工作中的应用,以及图书馆建筑与设备的现代化,图书馆工作过程的机械化、自动化等。

每一门科学都有它的理论和应用的两个方面。这两个方面并不是相互排斥、相互对立的,而是相互补充,相辅相成的。就拿专门图书馆学与应用图书馆学来说,它们的界限也不好划得十分清楚,许多内容是相互交叉的。比如,专门图书馆学要研究专门图书馆中的藏书与读者问题,而应用图书馆学中的藏书与读者的研究也要涉及到各类型图书馆藏书与读者的特点。因此,它们是相互结合、相互渗透的。在我国,应用图书馆学的研究,在很长一段时间里是整个学科的侧重点。在新技术革命的影响下,特别是微电子技术在图书馆的应用,必将使应用图书馆学进一步得到发展。

根据以上对图书馆学体系结构和研究内容的分析,图书馆学的体系结构可用下页图表示:

## 第三节　图书馆学的性质

学科性质问题,是个科学分类的问题。科学是一种知识体系。对这种体系进行分类,便于从总体上去分析其特征,了解各门学科的特殊性质及其相互间的内在联系,进而为发展科学提供战略上的依据。

为了更清楚地说明图书馆学的学科性质,我们有必要对人类有关科学分类的思想,作一扼要的介绍。

在古代,人们对自然和社会的认识停留在直观的阶段,各种知识都包罗在哲学之中。那时,西方古代哲学家们也曾对知识进行过分类,影响最大的是亚里士多德(Aristotle)。他以人的活动为准则,把有关纯认识活动的学问叫做理论的哲学,把研究人的行为的学问叫做实践的哲学,把关于艺术等活动的学问叫做创造的哲学。

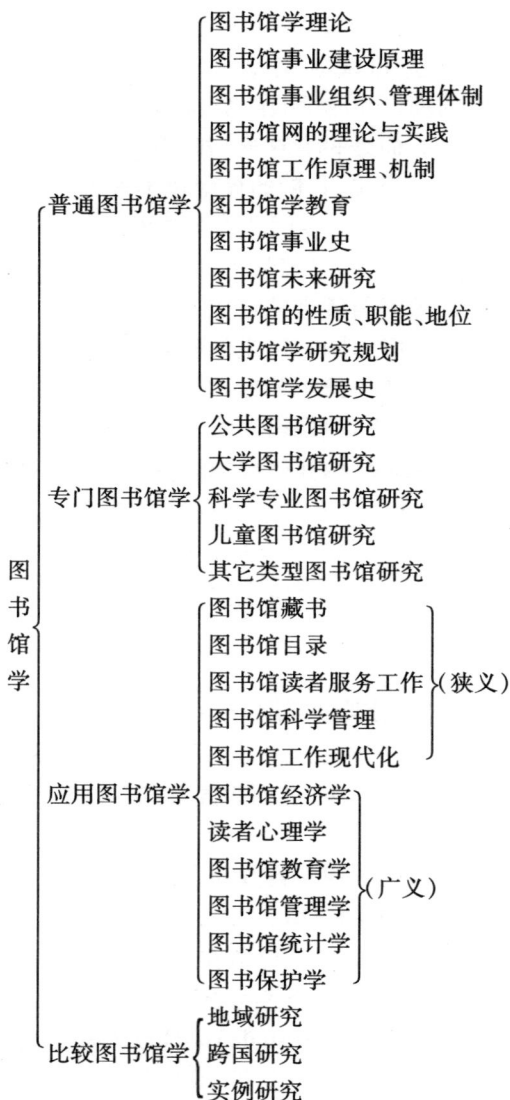

```
                    ┌ 图书馆学理论
                    │ 图书馆事业建设原理
                    │ 图书馆事业组织、管理体制
                    │ 图书馆网的理论与实践
          普通图书馆学 ┤ 图书馆工作原理、机制
                    │ 图书馆学教育
                    │ 图书馆事业史
                    │ 图书馆未来研究
                    │ 图书馆的性质、职能、地位
                    │ 图书馆学研究规划
                    └ 图书馆学发展史

                    ┌ 公共图书馆研究
                    │ 大学图书馆研究
          专门图书馆学 ┤ 科学专业图书馆研究
                    │ 儿童图书馆研究
图                  └ 其它类型图书馆研究
书                  ┌ 图书馆藏书
馆                  │ 图书馆目录
学                  │ 图书馆读者服务工作   (狭义)
                    │ 图书馆科学管理
                    │ 图书馆工作现代化
          应用图书馆学 ┤ 图书馆经济学
                    │ 读者心理学
                    │ 图书馆教育学       (广义)
                    │ 图书馆管理学
                    │ 图书馆统计学
                    └ 图书保护学
                    ┌ 地域研究
          比较图书馆学 ┤ 跨国研究
                    └ 实例研究
```

文艺复兴时期,随着资本主义生产方式的发展,各门具体知识相继从哲学中分化出来,成为各自独立的学科。此时,最有代表性的科学分类方法是英国的培根(Bacon, F.)和法国的"百科全书派"。他们认为,科学分类应从人类的理性出发,提出人类理性有三种能力:记忆、判断、想象。因此,有相应的三类科学,即:

记忆性的科学——历史等

想象性的科学——诗歌、艺术等

判断性的科学——{ 上帝的哲学

人的哲学

自然的哲学(自然科学) }

在十八世纪末,资产阶级革命的胜利推动了生产的发展,促使科学进一步分化。一些科学家便以各门科学的研究对象为基础进行分类。他们把所见到的现象分为:天文现象、物理现象、化学现象和生理现象,与此相对应的是研究这些现象的天文学、物理学、化学和生理学。他们认为,这些学科的排列顺序应当是从"简单的科学"到"复杂的科学":

简单的科学——数学

天文学

物理学

化学

生理学

复杂的科学——社会学

这种思想的代表人物是圣西门(Saint – Simon, C. H. de.)和孔德(Comte, A.)。

十九世纪中叶,自然科学的发展进入了一个新的时期。三大发现(细胞学说、能量守恒和转化定律、达尔文进化论),以及生理学、胚胎学、古生物学、地质学等领域的巨大成就,一方面更加充分地暴露了自然界各个领域之间的联系,另一方面也为发展和建立科学的分类理论提供了基础。这时,恩格斯以辩证唯物主义的世界观和方法论,分析和概括了十九世纪自然科学的全部优秀成果,批判继承了历史上合理的分类思想,创立了按物质运动形式进行科学分类的理论。他将各种运动形式概括为五种:机械的、物理的、化学的、生物的、社会的。恩格斯关于科学分类的思想,建国以来,一直是我国科学工作者研究科学分类问题的指导思想。

现代科学的发展,出现了分化与综合的两种趋势。各门科学之间互相交错,互相渗透,在分化的基础上综合,经过综合又分化出新的学科,从而形成极其复杂的体系。因此,科学分类的任务就更加艰巨,往往带有较大的模糊性。关于科学分类的思想和说法也是五花八门,莫衷一是。在美国,人们从统计的角度,把科学分为:物理化学科学、数学科学、环境科学、技术科学、生命及地球科学、心理学、社会经济学。

在我国,科学分类的研究除了依据恩格斯的思想外,主要根据是毛泽东同志的科学分类思想。早在 1942 年,毛泽东同志在《整顿党的作风》一文中提出,人类的知识可以分为三类,即自然科学、社会科学及这两门科学的概括和总结——哲学。这一思想在我国一直占主导地位。目前,随着国际国内形势的变化,特别是新技术革命的影响,我国的学者在科学分类方面的研究也开始活跃起来。我国最有代表性的观点是钱学森的分类思想。他从整个科学技术体系出发,将科学划分为哲学、自然科学、数学、社会科学、技术科学、工程技术六个组成部分,同时,他还认为,系统科学、思维科学和人体科学,将来很有可能上升为科学技术体系中的三个新的组成部分。此外,也有人从科学体系的结构这个角度,将科学分为:分支科学、边缘科学、综合科学、横向科学四大类。还有人从认识论角度,将科学分为:边界学科、中介学科、交叉学科、综合学科、横断学科等。

从上述情况中可以看出,科学分类的问题是个十分复杂的问题。人们的思想是有个发展过程的,因而常常出现多种思想、观点的同时存在和相互斗争,这是合理的,也是现实的。问题在于我们对这些思想应当进行实事求是的分析。

让我们回到对图书馆学学科性质的认识中来吧。前面说过,人们对于整个科学体系的分类尚有一定的模糊性,那么,关于图书馆学的性质和归类问题的认识,也必然带有一定的模糊性。这种现象是正常的。我们的任务就在于尽可能地减少模糊性,增加确定性,使认识更接近于客观实际。

就目前情况来看,关于图书馆学性质问题的意见,主要有两种:一种意见认为图书馆学属于社会科学;另一种意见认为图书馆学属于综合科学。此外,还有人认为图书馆学是方法科学、管理科学、应用科学等。这些看法都有其合理性的一面,也都有其欠缺的一面。我们认为,对于图书馆学性质的认识,不能采取一锤定音的办法,将图书馆学的性质限制于一点上。而应当用辩证的观点,实事求是地去做出判断。

## 一、图书馆学是一门具有多种属性的学科,在现阶段,它应当属于社会科学的范畴

在科学发展史上,一些古老的学科越发展,分支越多,像树的生长一样,先有树干,后出树叶;一些新兴学科则恰恰相反,它们像一座金字塔,先有塔基,然后才有顶部。前者的分类问题相对地说,是简单一些,分支学科原则上是属于自己的母科学一类的;而后者则比较复杂,在这个塔的顶部未出现之前,先出现的塔基部分具有多种选择性:它可能归属于这个塔顶,也可能归属于那个塔尖。关键就看其发展趋势了。

作为一门新兴学科,图书馆学是属于塔基部分的学科,它到底是同其它塔基(指其它学科)一起共有一个塔尖,还是它自己就可以形成一个塔尖,在现阶段是不好说出肯定意见的。我们可以按

照前面说过的科学分类方法,对图书馆学的性质问题进行一个概略的分析。

1.按学科研究对象进行分类。图书馆学的研究对象已如第一节中所说明的那样,尚有一定的不确定性。因此,对图书馆学的性质就可能有多种认识,而且各种意见都有其根据。但是,如果我们客观地看待这个问题,将一些主观成分去掉,就不难发现,图书馆学的性质在现阶段仍然属于社会科学。因为就图书馆学的研究对象而言,目前倾向性意见还是指图书馆事业,而且图书馆学的知识积累也都集中于这个方面。不管怎样理解,归根到底,图书馆事业还是一种人类特有的社会现象。所以,以此为研究对象的图书馆学,在原则上仍属于社会科学的范畴。尽管我们自己也主张图书馆学的研究对象具有层次性,既包括微观客体(文献、知识、信息),又包括宏观体系(图书馆及图书馆事业),因而其学科性质应当属于综合性科学。但是,目前关于微观客体的研究才刚刚开始,大量的理论和知识仍属于对宏观体系的认识。所以,客观地说,在现阶段,图书馆学的性质也还是社会科学。

2.按客观对象的运动形式分类。在没有新的理论出现之前,图书馆或图书馆事业的运动形式,只能归入社会的运动形式之中。因而,图书馆学的性质,也只能是社会科学。

3.图书馆学的研究方法,在现阶段应用最多的还是社会科学的方法,其它科学,特别是自然科学的方法虽然也有所应用,但都是局部的、零散的,并没有占据决定意义的地位。学科的研究方法,对学科性质有一定反作用,因而,图书馆学的性质在现阶段属于社会科学,也是合乎客观实际的。

4.根据图书馆学的研究内容,将图书馆学的性质规定为应用科学或管理科学,也是有一定道理的。使用的分类标准不同,结果必然不同。因此我们说,图书馆学的性质具有多样性。然而,在现阶段,图书馆学的研究内容更多地表现在图书馆或图书馆事业与社会的关系上。所以,它的性质仍然没有超出社会科学的范畴。

## 二、图书馆学是一门正在发展中的科学,其学科性质也在不断发生变化,未来图书馆学的性质,可能是综合性科学

1. 图书馆学在最初形成之时,由于其研究对象局限于图书馆工作,研究内容偏重于技术方法,因而其学科性质,原则上讲是属于应用科学的范围。随着社会和科学技术的发展,图书馆学越来越多地关注起图书馆事业的问题,特别注意图书馆与社会的关系,研究内容也增加了理论的成分,因而,其学科性质也随之发生了变化,向社会科学的门类靠近。可以预料,在信息时代,图书馆学的注意力必将移向文献、文献信息和文献交流,同时也将更多地涉及到知识的产生、存贮、利用、交流等方面的问题,所用方法也随之综合化(综合运用多种学科的方法),因此,其学科性质也会朝着综合性科学的方向发展。

2. 按照库恩(Kuhn,T.)科学革命的观点,科学发展的模式是:前科学→常态科学(形成模式)→反常→危机→革命(出现新模式)→新的常态科学→……。在前科学阶段,科学家们因对该学科的基本理论问题的看法完全不一致,而经常争论,众说纷纭。例如托勒密(Ptolemy,C.)以前的天文学,牛顿(Newton,I.)以前的光学。库恩认为,现代的社会科学也还处于前科学时期。库恩的理论如果成立的话,那么图书馆学发展到今天,也仍然处于前科学状态。整个学科尚未进入常态科学的阶段,没有形成一套模式——为图书馆学家们普遍接受的一种理论。既然如此,关于图书馆学性质的争论,也仍然属于前科学时期的争论,各种观点都不可避免地带有一定的参考性。当然,在这样的争论之中也会同时孕育着一种能够将图书馆学推向常态科学的理论。只是在这种理论出现之后,人们对图书馆学性质的看法也必然会随之发生变化。

3. 当前,新技术革命的浪潮正在向社会的各个领域袭来。别

特是微电子技术的应用,使得图书馆事业的发展面临着一个新的、严峻的课题,图书馆工作面临着一场深刻的变革。在信息社会中,图书馆的性质、职能、形态肯定会发生一些变化。而以图书馆事业为研究对象的图书馆学,其性质、任务、内容等也必定随之发生变化。因此,我们在讨论它的学科性质的问题时,就一定不能忘了条件,一定要加上一些限制词,才能比较准确地表达我们的看法。否则,所谈意见必然与实际相脱离。我们说图书馆学的性质属于社会科学,是就现阶段而言;我们说图书馆学可能会发展成为一门综合性科学,是指将来而言。结论带有一定的相对性。

综上所述,图书馆学性质的问题是一个比较复杂的问题。我们的看法也未必合乎实际。对于初学者来说,只起个引路的作用,一些实质性问题,还有待于大家的共同努力钻研。

## 第四节　图书馆学的研究任务

在我国,图书馆学的出现要比西方晚几十年的时间。建国后,图书馆学虽有较大的发展,但由于十年动乱,致使学科进展的速度大大落后于西方发达国家。因此,摆在我们面前的任务是十分艰巨和繁重的。概括地讲,我国图书馆学研究的任务是:以辩证唯物主义的世界观和方法论为指导思想,批判地继承古今中外图书馆学研究的成果;创立和发展具有中国特色的社会主义图书馆学体系,为我国图书馆事业的现代化建设服务。

具体任务主要有以下几个方面:

1. 认真总结建国以来图书馆事业发展的基本经验和教训,为我国图书馆事业的进一步发展提供理论依据和决策服务。这些经验教训主要指的是:图书馆事业的发展与社会经济、政治、文化的关系,图书馆建设的规模与速度,以及如何合理地组织图书馆事业等等。

2.加强图书馆学基础理论的研究。目前,我国图书馆学发展的速度是比较快的。仅1980年至1983年,图书馆学论文就发表了8410篇,占建国三十五年来图书馆学论文总数的64.4%。但是,我们必须看到,在8410篇论文中,基础理论方面的论文只有282篇,占总数的3.35%。这说明学科研究各方面的发展是不平衡的。基础理论是学科发展的基本动力。基础理论研究的深度如何,标志着学科的水平,决定着学科的地位,同时,也影响着学科内部其它理论的发展。因此必须加强基础理论的研究。主要任务有:加强各类型图书馆的方针、任务、读者对象及其工作规律的研究;加强图书馆网、干部培养、图书馆事业的建设原理及其发展趋势的研究;加强国际间图书馆事业的比较研究。此外,更重要的是要加强图书馆学的基本理论问题的研究,弄清楚图书馆的性质、职能及其发展趋势,为其它理论的发展提供依据。

3.大力开展图书馆学应用理论的研究。这是有我国特色的图书馆学理论。我国有悠久的历史和文化传统,有着丰富的古代文献和处理文献的经验,需要我们认真地加以总结和研究,这中间最重要的是应用理论,它与中国的国情结合得最为紧密,研究时必须做到实事求是,有的放矢。这些研究包括:图书采购与协调、图书分类与编目、文献的检索和利用、图书馆建筑与设备、计算机在图书馆工作中的应用等等。

4.重视开展图书馆工作现代化的研究。现代化是图书馆工作发展的必然趋势。我国当前还处在摸索阶段,和国外先进国家的情况相比,相差甚远。因此,我们必须奋起直追,迎头赶上。搞好图书馆工作现代化的研究,对于迎接新技术革命的挑战,为社会主义现代化建设事业服务,对于发展图书馆学理论,无不具有十分重大和深远的意义。这方面的主要研究课题有:

①电子计算机存贮和检索文献;

②图书管理的现代化手段；

③图书馆建筑与设备的现代化；

④文献复制技术研究；

⑤缩微资料与视听资料的管理与使用。

5. 开展图书馆技术工作标准化、规格化的研究。这项研究也是我们的一个薄弱环节。图书馆技术工作标准化、规格化是实现图书馆工作现代化的必要前提，也是实现图书馆科学管理的重要内容。因此，对这一问题的研究，必须引起我们足够的注意。这方面研究的课题主要有：

①图书情报加工过程的标准化；

②检索语言的标准化；

③缩微复制品的标准化；

④机读目录款式的标准化；

⑤名词术语的标准化；

⑥图书分类法的标准化；

⑦图书著录的标准化。

6. 开展图书馆学教育的研究。教育搞好了，有了人才，什么问题也就都好解决了。在我国，图书馆学教育还不发达，无论在教育体制和教学内容上都有大量的问题需要研究。尤其是在十年动乱时期，我国的图书馆学教育基本上处于停顿状态，其恶果是造成了人才的奇缺。从图书馆学教育方面的论文数量来看，在整个图书馆学论文数量中所占的比重也是比较低的。在 1980 年到 1983 年中间，共发表图书馆学教育方面的论文 401 篇，占总数的 4.77%。在 1958 年至 1979 年的二十多年时间里，图书馆学教育方面的论文才发表 3 篇。占论文总数的 0.1%。由此可见，花大气力去开展图书馆学教育的研究，势在必行。否则，人才就会继续缺乏，我们的研究和实际工作都要受到无法弥补的损失。

7. 有计划、有组织地开展图书馆事业史和图书馆学发展史的研究。在我国,这方面的研究开展得比较晚,也比较少。我们对于世界图书馆事业的产生和发展,知之甚少,情况若明若暗。对我们自己国家图书馆事业发展的情况了解得也不深不透。这就给开展图书馆学基本理论研究带来了极大的不便。此外,我们对图书馆学史的研究才刚刚开始,对国外图书馆学研究情况知道得也很不全面,对本国图书馆学思想的发展情况也没有很好掌握。因此,我们的一些图书馆学理论缺乏历史的依据,继续发展就受到影响。为了使图书馆学理论体系更加完善,我们必须加强这方面的研究。

# 第五节　图书馆学的相关学科

在科学体系中,各门学科并不是孤立存在的。它们之间有着千丝万缕的联系,互相渗透,互相依存,共同形成科学体系的有机体。一门学科与其它学科有所关联,这些学科就被称为那门学科的相关学科。学科之间的相关性,往往反映出它们之间的内在的本质联系,体现着一门学科在整个学科体系中的地位。

学科之间的相互关联,可以表现为多种关系。其中的本质关系是直接关联与间接关联。直接关联是指学科之间的直接的相互作用,它常常表现为派生关系、交叉关系、应用关系等。间接关联是指学科之间的间接的相互作用,它常常表现为中介关系、指导关系等。图书馆学作为一门科学,也必然有它的相关学科。这些相关学科与图书馆学或者直接关联,或者间接关联,它们都对图书馆学的发展产生着影响。

## 一、与图书馆学有直接关联的学科

这些学科与图书馆学的关系极为密切,大都是同属于一个部类的学科,或者是平行的学科。主要有目录学、情报学、文献学和教育学、社会学、心理学、经济学、计算机科学等等。在这些学科中，由于与图书馆学的关系程度不同，层次不同，而分为以下几种类型：

1. 同族关系。

图书馆学与目录学、情报学、文献学的关系是同族关系。

我们知道，图书馆工作、目录工作与情报工作的主要对象都是文献。由于它们各自的工作程序、工作手段与方法，工作方式与内容有着程度上的不同，因而形成了各自的特点。同时也由于它们的工作性质和工作对象相同而形成了它们之间的共同本质。一句话，图书馆工作、目录工作和情报工作都是文献工作。图书馆学、目录学和情报学的研究内容都包括文献工作，只是研究的广度与深度有所不同。此外，图书馆学、目录学和情报学的共同的理论基础是关于文献信息的理论。文献信息是文献的内容信息与形式信息的统称。它是人类信息系统中的重要组成部分，是人脑信息加工处理后的产物。文献信息的交流是人类信息交流的重要形式。有关文献信息的理论，是指关于文献信息的产生、传递（加工、整理）、存贮、利用的理论。图书馆学、目录学、情报学的研究内容既然包括文献工作，它们就必须将文献信息作为自己的研究对象。因此，有关文献信息的理论也就成了它们的共同的理论基础，而图书馆学、目录学、情报学也自然就成为文献信息理论（暂时不好称为文献信息学）的三个分支学科了。

其次，我们从图书馆学与目录学、情报学的产生情况中也可以看出它们之间的血缘关系。图书馆学的产生与对图书馆管理的研究有关，目录学则产生于对目录工作的经验总结，二者的关系极为密切。目录学为图书馆学提供了方法，图书馆学为目录学开辟了新的研究领域，它们在研究内容上有大量的交错、融合，因而目录学常被看作是图书馆学的辅助学科。情报学产生于本世纪中期，它的直接源头正是目录学和图书馆学的理论与方法。计量书目学与对图书馆藏书增长规律的研究,至今仍为情报学的重要的基础理论。所以,在某种意义上说,情报学产生于目录学与图书馆学。它们之间也有着直接的血缘关系。甚至可以说,情报学是对图书馆学研究对象在微观领域中的深入。情报学的理论与方法,又反过来推动图书馆学与目录学的发展。

再次,图书馆学与情报学的研究内容除了文献信息之外,还有一个重要的部分,就是用户(读者)的研究。将这两个方面综合起来,构成了一个信息交流的完整环节。对这样一个环节的研究将成为信息科学或思维科学领域中的一个重要的组成部分。因此,图书馆学与情报学也将是信息科学或思维科学这一族里的成员。

文献学是以文献为研究对象的一门学问,但目前有人承认它的存在,有人不承认其存在。不论怎样,文献学与图书馆学、目录学、情报学的关系,仅从字面意义上也可以看得出来,它们的确都是同族关系。

2. 交叉关系。

这种关系不是因研究对象的相同而产生的,只是由于研究对象的不同,并且不同的研究对象本身有着某种特殊的联系而产生的。这一点突出地表现在图书馆学与教育学的关系上。

教育学是研究教育规律的科学。谈到教育,就必然要涉及到图书馆。教育学的对象是教育现象。教育的问题,说到底是个如何培养人的问题。其中一个重要的方面就是如何传授知识。图书馆是知识的宝库,研究教育学就必须研究如何利用图书馆的问题。而图书馆本身又具有教育的职能,所以,图书馆学的理论在内容上就与教育学出现了交叉。这是两门不同类型学科之间的交叉。

此外,图书馆学与社会学也是交叉关系。社会学是一门研究人类社会生活的科学。它的研究内容十分广泛,主要有人与人的行为、关系问题和劳动、职业、人口、文化、婚姻、道德、犯罪、经济生活、社会阶级等等问题。其中有关文化方面的研究,在西方已经形成了专门的文化社会学。研究文化,当然是离不开图书馆的。图书馆的职能之一就是保存人类文化遗产。图书馆在人类文化发展的过程中,也起着十分重要的作用。图书馆事业是一种社会事业,图书馆也是一种社会性很强的机构。图书馆学领域中的某些问题的研究,例如:不同读者群的兴趣和要求问题、图书流通和阅读的普及性问题、图书馆的社会作用问题、阅读的社会学问题等,都要与社会学产生内容上的交叉。图书馆学与社会学这种内容上的交叉关系,随着人类社会的发展和图书馆社会职能的扩大,将会越来越多地显示出来。

3. 应用关系。

这种关系是指一门学科的理论与方法,被应用于另一门学科之中,从而产生了新的边界学科,推动了被应用学科的发展。与图书馆学有应用关系的学科很多,像心理学、管理学、经济学、计算机科学等等。

心理学是研究心理现象的科学。图书馆学要大量应用心理学的原理和方法去研究读者的阅读心理活动及其机制,要研究影响读者阅读心理的因素,研究提高读者阅读效率的方法等等。为此,在应用图书馆学中产生了有关读者阅读心理研究的分支学科。

管理学所研究的是人类如何自觉地科学地管理自己的社会活动。图书馆作为人类社会的一种特有的机构,其活动如何进行管理,一直是图书馆学所关心的问题。可以说,从诞生的那天起,图书馆学就一直在研究着这个问题。只是到了现代,管理科学成为一门独立学科出现之后,图书馆学中的管理研究才找到了一种科学的理论和方法。因此,在图书馆学中应用现代管理学的理论和方法去研究图书馆的科学管理便迅速发展起来,终于也成为独立的分支学科。

经济学与计算机科学在图书馆学中的应用也如上述两门学科一样。特别是计算机科学对图书馆学的影响更是与日俱增。有人甚至主张在未来"无纸化社会"中,计算机将取代图书馆而成为人类文献信息交流的主要渠道,可见它们之间的关系之不一般。

此外,在图书馆学中还大量应用一些自然科学的学科知识,比如生物学、物理学、化学等学科知识去研究图书馆藏书的保护问题。还要应用建筑学的知识去研究图书馆建筑问题,要应用现代科学技术的方法去研究图书馆设备的现代化问题等等。

## 二、与图书馆学有间接关联的学科

这类学科与图书馆学的联系不像前种类型的学科那样紧密。它们和图书馆学既不属于同一个部类,也不属于同一个层次。它们往往是为图书馆学提供一种思想或一种方法,具有方法论上的指导意义。因此,它们与图书馆学的关系是指导与被指导的关系。这类学科有:哲学、数学、信息论、控制论、系统论等。

哲学是理论化、系统化的世界观,是自然、社会和思维知识的概括和总结。哲学的研究对象是世界的普遍本质,是世界存在和发展的最一般的规律性。它是在认识世界各个特殊领域的基础上形成的,同时又反过来指导人们在这些领域中的认识和实践,成为人们在这些领域中从事活动的思想方法和工作方法。任何科学的发展,都离不开哲学思想的指导,同时,任何科学的发展,又都反过来为哲学的发展提供依据。图书馆学的发展,当然也离不开哲学的指导。在我们社会主义国家里,马克思主义哲学是我们进行一切科学研究的指导思想。因为马克思主义哲学是由一系列普遍适用于自然、社会和思维领域的规律和范畴所构成的严密的完整的科学体系。它是彻底的唯物主义一元论,是以实践为基础的科学的世界观和方法论。因此,在我国,图书馆学的发展一刻也离不开马克思主义哲学的指导。这种指导,并不是表面化的、词句上的指导,而是立场、观点与方法上的指导。

数学是研究现实世界中的空间形式和数量关系的科学。数学的研究对象决定了它具有高度的抽象性和应用的广泛性。早在三百年前,数学开始向自然科学渗透。到了本世纪五十年代,由于控制论的影响和电子计算机的普及,数学也迅速向社会科学渗透。以往,人们已经学会了用数学分析、微分方程等经典数学来研究必然现象,用随机数学来研究偶然现象;现在,人们还在学会用模糊数学来研究模糊现象。由此可见,科学的数学化已经成为历史的必然。数学对图书馆学的指导意义就在于它为图书馆学的发展提供了一种可靠的工具。著名的布拉德福(Bradford, S. C.)定律、Price 曲线以及巴尔顿(Burton, R. E.)提出的"半生期"概念等都是用数学方法对文献的利用、增长等情况分析研究的结果。随着电子计算机在图书馆中的应用,数学对图书馆学的作用和影响将越来越大。

信息论的创始人是美国贝尔电话研究所的数学家申农(Shannon, C. E.)。1948 年,他发表的论文《通讯的数学理论》,奠定了现代信息论的基础。信息论是研究信息的计量、传送、变换、储存的科学,其范围非常广泛。信息论从建立伊始,就显示出与图书馆学的内在的本质联系。图书馆学要想继续发展。必须以文献信息为研究对象,研究它的存贮、变换、传递,因此,它也就离不开信息论的指导。就目前情况看,信息论对图书馆学的指导意义越来越显得重要和突出了。

控制论的创始人是美国数学家维纳(Wiener, N.)。1948 年他的《控制论》一书出版,宣告了这门学科的正式诞生。控制论所研究的是生命现象、人类社会、机器系统、思维和一切可能的一般结构里的调节和控制的规律。它在生物科学、技术科学和社会科学之间架起了"桥梁"。控制论对于图书馆学研究领域的许多问题都有着重大的指导意义,比如,图书馆自动化问题、藏书增长的控制与协调问题,图书馆的科学管理问题等等。

系统论的创始人是美籍奥地利生物学家贝塔朗菲(Bertalanffy，L. V.）。1947年至1948年，他在美国讲课和专题讨论中阐述了他多年倡导的系统论思想，这时系统论作为一门新兴学科才初露头角。系统论的主要目的是企图确立适用于系统的一般原则。系统论分析和研究各式各样系统的共同特性，它们的层次、结构与相互作用，找出适用于一般化系统的模式、原则和规律，并对系统的性质作出数学的描述，以求得系统的最佳效能。系统论为图书馆学提供了一整套全新的思想方法和理论，无怪乎它一被引进，立即就受到广大的图书馆学研究者的欢迎。人们用系统论的观点和方法去考察图书馆在人类信息交流系统中的地位和作用，使图书馆学的理论有了新的发展。

　　对"三论"之中任何一者的说明，实际上都无法离开另外两者。系统论不单是为了把某一对象命名为系统而论，其目标是为了使系统实现或达到最佳的功能状态。因此，必须研究对系统的控制与调节；而控制和调节又必须要有信息的传递、储存、加工处理和转换。控制论不可能只是就某一因素自身去控制，而总是对各因素间关系的控制，即对系统的控制。信息论也不局限于计算信息量的大小，它更关心的是系统内外的信息交换，是为了实现信息控制。所以，"三论"中的每一"论"都可以包括另两"论"，而它自身又被另两"论"所包括，这也是当代科学相互渗透和整体化的一种表现。由此可见，"三论"对图书馆学的影响是综合性的，我们不能孤立地、片面地应用某一"论"而摒弃另两"论"。"三论"对图书馆学的指导意义也同样是越来越大。

　　综上所述，图书馆学的相关学科所涉及的面是很广的，而且数量在逐步增加。这一方面反映出图书馆学尚在不断发展，另一方面也可以看出图书馆学的确是一门比较年轻的学科。它要广泛地吸取其它学科的营养来充实、丰富自己，而它自己现在只能拿出一点营养或尚未拿出营养去供给其它学科。因此，大力发展图书馆学，尽快使它成熟起来，以适应现代化社会发展的需要，还需我们作出巨大的努力。

## 第六节　图书馆学的研究方法

在很长一段时间里,图书馆学的研究方法没有引起人们的注意。直到本世纪五、六十年代,国外才开始专门讨论这个问题。我国是在近几年才逐渐将这个问题重视起来的。

研究方法不是工作方法。后者是指一般操作技术,处理实际事务的本领;前者则指一般的思维方式,理性思考的角度,解决抽象问题的手段和途径等等。将研究方法作为对象去进行专门研究,就是一般意义上讲的方法论。必须看到,在图书馆学研究领域中,方法论的问题还没有得到解决,图书馆学尚未建立起自己的一套方法论体系。这首先是由于图书馆学的研究方法还没有完全地被总结、概括,其次是由于图书馆学的研究方法尚未形成自己的特色。这一点与图书馆的工作方法不同,图书馆工作的方法可以说是很有自己的特色,也经常为其它学科的工作所借鉴和应用,但是,图书馆学的研究方法则很少为其它学科的研究者所使用。就目前情况来看,更多的是图书馆学在使用其它学科的研究方法为本学科服务。

一般地说,研究方法可分为这样三个层次:哲学方法、一般研究方法、专门研究方法。哲学方法指的是对研究对象总的看法,是研究工作的指导思想。它往往同研究者的世界观相联系。在过去的科学发展史中,一些有成就的伟大科学家,往往也是很有造诣的哲学家。因此,哲学方法对于一门学科的发展,常起到重要的指导作用。一般研究方法是指许多学科共同应用的方法,比如数学方法,系统论方法,观察、实验方法,调查方法,归纳和演绎方法等等。专门方法是指各学科为研究其特定的研究对象而采用的特殊的方

法,例如在自然科学中,不同学科所使用的不同的实验方法等。图书馆学的研究方法也包括了这样三个层次。下面分别说明:

## 一、图书馆学研究中的哲学方法

在我国,图书馆学研究中的哲学方法,主要指的是辩证唯物主义和历史唯物主义的方法。这种哲学方法,为图书馆学研究提供了唯物主义一元论的世界观,用联系和发展的眼光去看问题的方法和在实践的基础上去认识和改造世界的观点。我国的图书馆学工作者在运用辩证唯物主义和历史唯物主义的哲学方法的过程中,已经取得了一些成果。比如,在图书馆学研究对象问题的探讨中,提出了"矛盾说"和"规律说"的观点,这两种观点在世界范围的图书馆学研究领域中,我国是有着自己的特色的。当然,我们在运用这一哲学方法时,还必须彻底摒弃"左"倾思潮的影响。不能对这种哲学方法作表面化和词句上的机械应用,盲目照搬和生拉硬套。我们应当从中吸取最本质的东西,用它为我们提供的立场、观点和方法,去观察和分析问题。否则,就是对这种哲学的滥用和歪曲。

## 二、图书馆学研究中的一般科学方法

这些方法在图书馆学研究中大量被使用。在图书馆学没有形成自己特有的固定的研究方法体系之前,推动图书馆学前进的主要是这些一般科学方法。

1.归纳法和演绎法。归纳是从个别事实走向一般的结论、概念。演绎是从一般原理、概念走向个别的结论。在人的认识过程中,归纳和演绎是对立统一的关系,它们是相互依赖、相互促进。在图书馆学研究中,归纳法和演绎法被大量使用着,它们是图书馆学研究者比较熟悉的和习惯了的研究方法。也可以说是目前图书馆学研究中通行的方法。在复杂的图书馆活动以及与它有关的一切活动中,用归纳法将个别事实上升为一般结论,一直是人们努力的方向。特别是对于图书馆的性质、职能等问题的认识,大都是使用归纳法产生的结论。当然,由于个别事实的本质暴露得尚不充分,人们对它的认识也或多或少地带有一些主观成分。因此,用归纳法去找出图书馆活动的普遍规律,任务还是十分艰巨的。演绎法通常多用在引进相关学科的理论与方法时。用相关学科的比较成熟的一般原理,去推导图书馆学研究的个别结论。或者是用一般哲学原理,去推导图书馆学研究的个别原则和规范,这在应用图书馆学研究中体现得较多,像读者心理研究,图书馆科学管理研究等等。

2. 系统方法。系统方法要求运用完整性、集中化、等级结构、终极性、逻辑同构等概念,找出适用于一切综合系统或子系统的模式、原则和规律。目前,系统方法正在发展成为试图包括一般系统论、控制论、自动机理论、信息论、集合论、图论、网络理论、系统数学、对策论、判定论、计算数学、模拟……等理论和方法的体系。用系统的思想去看待世界的系统观点,早在古代就已有萌芽。这无论在中国或古希腊、古罗马的哲学著作中都可以找出证据。不过那时的系统思想和系统观是寓于朴素的哲学思想之中的。在图书馆学研究中,系统方法的应用经历了一个从不自觉到自觉的过程。最初人们对图书馆的看法就包含着系统的思想。印度学者阮冈纳赞(Ranganathan,S. R. )在《图书馆学五原则》一书中指出:"图书馆是个不断发展着的有机体。"可见,系统方法对于图书馆学的发展的确起了很大的作用。到了现代,人们更是自觉地应用系统方法分析和研究图书馆活动中出现的一系列问题,把图书馆作为社会信息交流大系统中的一个子系统去加以考察。相信在不久的将来,系统方法的应用,必定使图书馆学研究结出丰硕的果实。

3. 数学方法。数学方法具有高度的抽象性和应用的广泛性。数学的抽象性表现在它暂时抛弃了事物的具体内容,而单纯从量的关系上来考察事物,以便得出一种抽象的数量关系。同时,数学上的某一个数量关系,往往不仅适用于某一个具体问题,而且适用于很多的具体问题,因此,它有很强的广泛性。各种不同性质的问题之所以会有相同的数学形式(数量关系),是因为量的关系不只是存在于某一特定的物质形态或其特定的运动形式中,而是普遍地存在于各种物质形态和各种运动形式中。正因为数学方法具有极强的抽象性,能够正确反映客观世界联系形式的一部分,所以它也才具有应用的广泛性。随着科学技术的发展,数学方法不只是被用于对事物的定量分析上,也正在被用于对事物的定性分析上,图书馆学研究历来离不开数学方法,只不过应用的程度深浅不同罢了。图书馆统计方法作为图书馆学的专门研究方法,就是应用数学方法的明证。人们正在关心用数学方法来建立模式,去研究图书馆活动的规律。特别是电子计算机的应用,使得数学方法更为普及。图书馆学也正在朝着数学化的方向迈进。

### 三、图书馆学研究的专门方法

这个问题正在被越来越多的人所关注。图书馆学有没有自己的专门方法,也是为人们所怀疑的。实际上,一门学科只要产生并不断发展,肯定是会有自己的独特的研究方法的。只不过这些方法是被零散地、偶然地使用,而缺乏理论上的总结和归纳。当然,我们也必须看到,图书馆学研究的专门方法还处在发展中。许多方法尚未定型,更需要研究者花大的气力去使之完善。

一般来说,图书馆学研究的专门方法有以下几种:

1. 图书馆统计法。这是数学方法在图书馆学研究中的具体应用而形成的带有图书馆学特点的专门方法。这种方法一般是被人们应用在对文献流的研究上。著名的布拉德福定律、齐夫定律、洛特卡定律,以及文献增长规律、文献老化规律等等,都是图书馆工作者用图书馆统计的方法取得的成果。至今这些定律仍然在影响和规定着图书馆学和情报学的发展。

2. 读者调查法。调查的方法，向来为社会科学所推崇。尤其是社会学的发展，使得调查法的应用更加频繁。图书馆学研究中经常使用的读者调查法，是图书馆学研究的专门方法之一。它包括实地调查和书面调查（问卷法）两种主要形式。在对读者进行各种专门研究时，读者调查法是最主要的方法。当然调查法与统计方法是经常结合起来应用的。离开了统计，调查就无法形成最后的结论，而没有调查，统计也就失去了基础和素材。因此，图书馆统计法与读者调查法是互相补充的。

3. 移植法。图书馆学诞生的时间比较晚，一些比较成熟的科学或成熟的理论，常被图书馆学研究者移植到图书馆学中来。这就是移植法。移植法较多地用在普通图书馆学研究中。对于图书馆学的体系结构、研究方法等，都有积极的作用。此外，在应用图书馆学研究中，移植法也有其特殊的作用。

4. 比较法。比较法是在一定的基础上，对相同事物的不同方面或同一性质事物的不同种类，通过比较而找出它们的共同点或差异点，来深入认识事物本质的一种方法。在图书馆学研究中，比较法的运用是比较普通的，尤其是在专门图书馆学和比较图书馆学研究中应用得最多。用比较法对不同类型图书馆进行分析，便于发现它们之间的共性和各自的特点，便于进一步认识它们的活动规律，因而这种方法为研究者所惯用。

总之，图书馆学的研究方法问题，是个理论性和实用性都很强的问题。随着图书馆学的发展，图书馆学的研究方法也会日臻完善。同时，它也会反过来推动图书馆学的研究走向深入。

# 第二章　图书馆的社会职能

在这一章里,我们要研究的是图书馆学研究中的实质性问题:图书馆的概念、图书馆的起源及其发展和图书馆的本质属性,以及图书馆的职能等。下面,我们就这些问题,分别给予说明。

## 第一节　图书馆的概念

### 一、什么是图书馆

什么是图书馆?这个问题似乎非常简单,有人甚至会脱口而出:"图书馆就是借书的地方。"这话不能算错,因为出借图书是图书馆工作的一个重要方面。但这种回答不是对图书馆下的科学定义。因为它并没有把"图书馆是什么"这样一个带有质的规定性的问题表述清楚。要想准确地、科学地回答这个问题,我们必须揭示它的定义的内涵,找出图书馆的实质——对图书馆的质的全面而系统的规定,从而形成图书馆的概念。这样,我们才能真正理解图书馆活动的全部内容及其意义,也才能真正从理性认识的高度去把握图书馆,认识图书馆。

由于认识问题的角度不同,因而人们对问题的表述也不相同。在对"图书馆是什么"这一问题的理性思考中,从近代来看,比较有代表性的观点,是美国的图书馆学教授巴特勒提出来的。他说:"图书馆是将人类记忆的东西移植于现在人们的意识之中的一个社会装置。"在这个表述中,他回答了两个问题:一是图书馆是一个社会装置;二是图书馆的功能是移植人类的记忆。巴特勒主要是从哲学和心理学的角度来概括图书馆的质的规定性的。

在稍后的一些时间里,美国的另一位图书馆学家谢拉则认为:图书馆是这样的一个社会机关,它用书面记录的形式积累知识,并通过馆员将知识传递给团体和个人,进行书面交流。因此,图书馆是社会中文化交流体系的一个重要机关。谢拉是从他的"社会认识论"的思想,从图书馆与知识之间的联系的角度来认识图书馆的。他指出了图书馆的功能在于交流知识,图书馆是实现知识交流的社会机关。

与谢拉同时期的德国图书馆学家卡尔施泰特则认为,图书是客观精神的容器,图书馆是把客观精神传递给个人的场所。客观精神的作用就在于它能够建立和维持各种社会形象。因此,图书馆就是在维持社会形象中,使世代结合的纽带。实际上,客观精神主要指的是人类创造的文化。在这个意义上,图书馆就是使文化的创造和继承成为可能的社会机构。卡尔施泰特是从文化的创造和继承这个角度来认识图书馆的作用和性质的。人类的文化正是通过图书馆,才得以继成和发展。图书馆起到了纽带的作用。

上述这些代表性观点,强调的都是图书馆的质的规定性的一个方面或某些方面,而对其它方面有所忽略。所以,作为图书馆的概念表述,都是有一定缺陷的。它们的意义,就在于为我们认识图书馆的实质,提供了多种角度。

那么,究竟怎样去回答"图书馆是什么"这样的问题呢?我们认为:图书馆是搜集、整理、保管和利用书刊资料,为一定社会的政治、经济服务的文化教育机构。在这个概念里,可以回答四个问题:

一是图书馆的工作程序——对书刊资料进行搜集、整理、保管和利用；

二是图书馆的工作对象——书刊资料；

三是图书馆活动的目的——为一定社会的政治、经济服务；

四是图书馆的性质——文化教育机构。

这个表述，相对地说，比较准确、全面，易于为人接受。它基本上把图书馆的质的规定性的各个方面都概括出来了。这里着重解释一下第三点和第四点。

图书馆的概念是抽象的，但图书馆的形态则是具体的。在一定的社会条件下，图书馆不是孤立存在的。它与一定社会的相容性就表现在它的活动目的是为一定社会的政治、经济生活服务。上述三个人的表述中，都没有涉及到这个问题。但没有涉及并不等于这个问题不存在，如果图书馆不能将人类记忆的东西移植于"现在人们的意识之中"，如果图书馆不能为正在生活着的人们交流知识提供条件，如果图书馆不能将传统与现实连接起来，那么这个图书馆还有什么存在的必要呢？它之所以能够移植知识、能够交流知识、能够起纽带的作用，正是因为它深深地扎根于现实生活的土壤之中。因此它就必须为现实社会服务。这一点无论你承认不承认，它也是客观存在着的。我们不能回避这样的问题，只有将它充分揭示出来，方便于把握图书馆的实质。

此外，图书馆也不只是与文化相联系的社会机构，它还与教育相联系。在现代，任何教育如果离开了图书馆，则是不完善的。图书馆是社会教育的重要组成部分。尤其是对于实行"终生教育"的社会，图书馆的作用就显得更为突出。因此，图书馆也是一种社会教育机构。

当然，图书馆的形态是在不断变化的。图书馆的概念也在发展、变化，处于不断完善的过程中。因此，对于图书馆我们还要进行再认识。

## 二、图书馆的构成要素

图书馆的定义,揭示了图书馆这一概念的内涵,指出了图书馆与其它文化教育机构的区别。而要进一步了解图书馆,还必须对它的构成要素进行剖析。

图书馆的构成,有藏书、读者、干部、技术方法、建筑设备等要素,这些要素的相互结合和相互作用,构成了图书馆这个发展着的有机体。

藏书是图书馆赖以存在和开展工作的物质基础。它既是物质的,也是意识的。就其知识、信息的载体来说,它是物质的;就其载体所记录的知识来说,它是经过人脑加工的,是观念形态的东西。因此,藏书本身既有自然的属性,也有社会的属性。图书馆藏书是图书馆所收藏的各种类型文献的总和。它是以图书馆的类型、任务和读者需要为依据,经过采选、整理、加工、典藏等工序,将分散的各种文献——记录与传播知识或情报的信息载体,集中组织成为有重点、有层次的藏书系统的。这个藏书系统应当是一个向社会开放的、经过严密组织的知识体系。随着社会和科学事业的发展,极大地提高藏书系统的输出功能应成为现代图书馆的重要特征之一。

读者是图书馆的服务对象。凡是具有利用图书馆资源条件的一切社会成员,包括个人和集体,都可以成为图书馆的读者。图书馆读者是多种多样的,他们有不同的职业特点、不同的知识结构、不同的阅读需求和不同的心理特征等等。发展读者,研究读者,服务读者是图书馆读者工作的主要内容。读者的存在和需求,决定着图书馆服务工作的价值;读者对图书馆的依赖程度,决定了读者服务工作的发展水平。读者不仅是服务工作的受益者,而且也是推动服务工作前进的动力,检验服务质量的标尺。

干部是图书馆活动的管理者和组织者,是使藏书与读者发生关系的枢纽,是使藏书由潜在价值变为现实价值的关键。图书馆工作的好坏,图书馆社会作用的大小,都取决于图书馆的干部。

技术方法是做好图书馆工作的主要手段。图书馆能不能发挥作用,主要决定于干部能不能掌握正确的技术方法。现代图书馆作为社会知识信息的交流工具,必须以各种物质技术手段、工具和方法作为自己存在的基础。藏书的收集整理和开发利用的技术方法,读者服务的技术方法,图书馆的组织管理的技术方法,以及吸取现代科学技术中的先进技术和方法,构成了图书馆科学的方法系统。这个方法系统综合地应用于图书馆实践活动,促使图书馆工作由低级向高级发展。

建筑设备是图书馆的物质条件。馆舍建筑不当,设备不合标准,都会妨碍图书馆工作的开展,降低图书馆的社会功能。

上述五个要素之间,是相互依存、相互促进的。它们共同构成了统一的图书馆整体。在这个整体中,决定性的要素是图书馆干部。因为图书馆干部是图书馆一切活动的管理者和组织者,图书馆工作与服务方式,藏书的组织形式与结构,图书馆的社会效益与价值,都决定于图书馆干部的能动作用。充分发挥图书馆干部的组织和管理作用,以各种类型的读者为服务对象,以科学、实用的藏书为物质基础,以先进的技术方法为服务手段,并为读者提供必备的物质设施和整洁安静的阅览环境,便构成了现代图书馆理想的结构模式。

## 第二节　图书馆的起源及其发展

图书馆是人类社会发展到一定阶段的产物。人类社会信息交流的需要是图书馆产生的前提,图书的出现是图书馆产生的直接原因,科学技术的发展是图书馆事业发展的根本动力。

### 一、图书馆的产生

1. 人类信息交流的形式及特点。

人类信息交流主要指人与人之间的信息交流,即社会信息的交流。社会信息的内容十分庞杂,凡是人类的社会活动所产生的信息都可以称之为社会信息。其中特别重要的是人类的思想信息。思想信息的交流是人类社会信息交流的主体,是推动人类社会向前发展的原动力。

概括地讲,人类信息交流的形式主要有两种,即直接交流与间接交流。直接交流是指人们之间的直接接触而产生的信息交流。间接交流是指人们通过辅助工具而间接接触所产生的信息交流。

直接交流的优越性就在于生动、直观,感受性强。直接交流的媒介主要是语言。此外还包括动作、表情等等。实际上,直接交流的过程,是人的感觉器官和运动器官综合起作用的结果。在直接交流时,人们获取的信息也是综合性的。许多"只可意会不可言传"的信息,也只能靠直接交流获取。而且,直接交流无需任何工具就可以进行,所以,比较方便、迅速,反馈及时。

直接交流的局限性也是十分明显的。首先,它要受到时间和空间的限制。在异时、异地,如果不借助工具,是无法进行直接交流的。其次,它的存贮受到限制。人类的直接交流是大量存在的,然而对它的存贮都是有限的。没有存贮起来的直接交流,随着时间与空间的变异,会稍纵即逝,无法重视。第三,直接交流还要受到语言本身的局限。由于民族、地域的不同,语言的种类及一种语音各有不同。因此,使用不同语言的人们和同种语言、不同发音的人们,在进行直接交流时会受到限制。

正因为直接交流存在着这样的局限性,所以才使得间接交流发展起来了。间接交流的优越性,恰恰是直接交流的局限性,而间接交流的局限性,也正是直接交流的优越性之所在。间接交流-.

直接交流的最大区别点,就在于它要借助于工具才能进行。

从大的方面来看,图书馆作为一种工具,正是为适应人类信息交流需要而产生的。

2. 文字与文献。

语言和思维与人及人类社会同时产生。语言是社会必需的交际工具。但是,由于语言自身的局限性,也给交际带来了种种不便。其中最主要的不便,是语言一经说出就成为过去,受到时间与空间的限制。因此,人类在进化的过程中又发明了文字。文字作为辅助交际工具的长处,就在于它能克服时间和空间的限制,它具有一定的稳定性。因而,用文字记载的资料,经过几十年、几百年、甚至几千年,人们还能够看得懂。有了文字,就得有记录文字的工具和载体。随着文字的数量的增加,人们用文字表达的思想内容也更复杂了。当人们能够用文字完整地表达思想和感情,准确地记录事物的时候,最初的图书也就随之产生了。有了图书,就得有保存图书的方法和场所。为了一定的需要将一批图书保藏起来的场所,就是最初的图书馆。所以,图书馆直接起源于保藏图书的需要。因此,没有文字就没有图书,没有图书就没有图书馆。一般地讲,人们将图书以及图书以外的各种附着在载体上的记录,统称为文献。文献的外延要比图书的外延大得多。因此,图书馆的实际收藏对象,确切地说应当是文献。现在,我们可以看出这样一个问题:文字是使人类社会发展到目前程度的必要条件。没有文字,也就没有现代的社会文明。而文字的功用是通过文献体现出来的,文献又是通过图书馆保藏、利用的(只是最重要的渠道),所以,图书馆就是人类社会文明的标尺。图书馆事业发达与否,确实能反映出一个国家科学技术和生产能力的发达程度。

3. 人脑记忆功能的延伸。

记忆是人类最基本的心理过程之一。它是过去经验在人脑中的反映。用信息加工的观点来看,记忆就是一个对信息输入后的编码、储存,并能在一定条件下提取的过程。记忆是智力发展的必要条件。人们依靠记忆把经验保存在自己的头脑中,并在经验恢复的基础上,进行思维和想象活动,然后,这些思维和想象的结果又作为经验保存在头脑中,作为进一步思维和想象的基础。记忆的功能,就在于它能够使人的思维逐步深化、复杂化、抽象化,促使人的智力向更高的水平发展。离开了记忆,人对以前感知的事物就会变得陌生起来,就无法进行思维和想象活动。但是,记忆有其固有的局限性,这就是它的对立面——遗忘。因此,人们在进行思维和想象活动的时候,总是要不停地同遗忘作斗争,以求得到长久的、稳定的记忆。当人们面对丰富的实践活动所带来的多种多样的经验,感觉到仅仅通过个体的记忆是无法保存这样多的实践经验的时候,便开始想办法借助工具来保持记忆了。在没有文字以前,人们用"结绳记事"的办法,记忆以往的经验。当文字产生以后,人们便用文字记录经验,以保持记忆。于是文献也就出现了。文献的产生,使人脑的记忆功能得到了补偿。文献是思维的直接现实。图书馆则是对文献进行输入、编码、贮存、提取和利用的机构。图书馆的产生,可以说是对人脑功能的不自觉的模拟,是人脑功能延长的初级形式。而电子计算机的问世,则可以说是对人脑功能的自觉模拟,是人脑功能延长的高级形式。图书馆使人类的文化得以保存和继承,在人类社会的进步过程中,它起到了"记忆"的作用。

4. 社会生产力水平的提高。

人类社会的进步,离开了社会生产力水平的提高,都是不可能实现的。生产力的发展是推动社会前进的根本动力。文字和文献的产生,本身就是生产力发展的结果。生产力的发展,一方面为文字和文献的产生,提供了必要的前提——人们为了组织社会生产和生活,进行行政管理,记录生产经验,进行统计等等,就要求产生文字;另一方面,生产力水平的提高,也为文字和文献的产生,提供了物质基础——书写工具和记录载体。不论这种工具的载体多么简陋,但它的出现本身就标志着人类社会文明的进步。因此,社会生产力的发展,也为图书馆的产生提供了必要的条件。当然,图书馆的出现,无论如何也对社会生产的发展起了积极的推动作用。

综上所述,人类信息交流的需要和为克服人脑记忆功能的局限性的需要,是图书馆产生的必要前提。文字和文献的出现,是图书馆产生的直接动力。社会生产力的发展则是图书馆产生的基本保证。在诸因素的综合作用下,图书馆的产生,就成了人类历史上的一件大事。它从一开始,就与人类的文明紧紧联系在一起。它的发展与演变,始终是人类文明程度的标志。

**二、图书馆的发展**

1.影响图书馆发展的因素。

首先,国家的经济实力和文化水平,对图书馆的发展,有着巨大的影响。

考古发现证实,在世界上著名的四大文明古国,都有图书馆的存在。在古巴比伦王国遗址,通过考古发现了一些贵族的贮藏室中藏有公元前二千年的楔形文字泥版。公元前七世纪的阿舒尔巴尼帕王朝(Ashurbanipal)的宫廷图书馆,就建在美索不达米亚的尼尼微(Ninevch)。在古代埃及,寺院都设有图书馆,至今在一些地方还保留着寺院图书馆的遗迹。在古希腊,公元前六世纪已有了公共图书馆。稍后一些时间,著名学者亚里斯多德(Aristotle)也创建过图书馆。在古罗马,也有于公元前三世纪创办的著名的亚历山大图书馆。在古代中国,有人认为,在河南安阳出土的大量甲骨文(公元前一千四百年,殷商时期文字),很可能是由当时的图书馆保存的。最晚,中国于周朝(公元前十世纪左右)也有了正式的图书馆——"藏室"。这些文明古国,在当时都有着相当雄厚的经济实力,有着相当高的文化水平。经济实力是图书馆存在和发展的物质基础,文化水平是图书馆发展的精神动力。就是在当今世界,经济发达、科学进步的国家,图书馆事业也同样发达。仅以国家图书馆为例,目前世界上最大的国家图书馆是美国的国会图书馆,其藏书有七千八百万统计单位。其次是苏联的国立列宁图书馆,藏书有二千八百多万统计单位。此外,法国、澳大利亚、加拿大、英国、比利时、日本、瑞士等国的国家图书馆也很有名。如果用"三个世界"的理论来说明经济实力和文化水平对图书馆的发展的影响的话,那么,显而易见,第一、第二世界国家的图书馆事业普遍比较发达,而第三世界国家的图书馆事业,相比之下则逊色得多了。

其次,工业城市的出现和国家实行免费教育,也是图书馆发展的强大推动力。

工业革命改变了人类的生活方式。大批人口涌向城市,寻找就业的机会。工业城市的出现,使得人们的生活节奏随之加快,为了使思想能够跟得上飞速发展的形势,人们不得不拼命地一边工作,一边学习。与此同时,一些国家为了提高人们的文化水平,实行了免费义务教育制度。这些情况,都对图书馆提出了新的、更高的要求。从十九世纪后半期开始,图书馆进入了一个新的发展阶段。图书馆已由只向少数人开放,变成向全社会开放。工业城市的出现,使人口相对集中,人们集中使用图书文献的要求也促使图书馆迅速发展。免费教育的实行,也使得作为社会教育机关的图书馆大大地增多。在这两种交织着的因素的共同作用下,图书馆事业出现了前所未有的兴旺发达局面。其重要的标志之一,是图书馆学专业教育也在此时应运而生。这样就解决了为迅速发展着的图书馆事业培养专业人才的问题。

第三,科学技术的发展,是图书馆发展的根本动力。

科学技术的发展,从一开始就与图书馆有着极为密切的关系。一方面,科学技术的发展有赖于图书馆为其提供前人和当代人的

44

著述及数据;另一方面,科学技术的发展又为图书馆的发展提供了新的技术和方法。两者相辅相成,互相促进。

文献是图书馆存在的基础,如果没有文献也就无所谓图书馆。图书馆规模扩大的首要原因,是文献数量的增长。而人类的科学技术活动是文献数量增长的重要因素之一。一般地讲,无论是公共图书馆、大学图书馆还是专业图书馆,科技文献所占的比重都是相当大的。现代图书馆传递科技情报的职能,都是通过搜集、整理、存贮、利用科技文献而实现的。因此,科学技术活动促使科技文献大量增加,进而推动了图书馆规模的扩大和数量的增加。

文献数量的增长还与文献的生产技术的提高有关。到目前为止,文献的生产技术大致经历了这样一个过程:文献由最初的手工抄写,发展到机械印刷,再发展到电子传递。这是记录方式的变更。还有记录载体的变更,即由自然物体(龟甲、兽骨、石头等等),发展到人工物体(泥板、纸等),再发展到电子装置。每经历一个发展阶段,文献的数量都会随之猛增。特别是伴随着工业革命而出现的机械化印刷设备,使图书的生产成倍地增长。这对于近代图书馆的发展,无疑起了巨大的作用。

在信息社会里,由于科学技术的发展,文献的形态必然会发生很大的变化。因而图书馆在发展的过程中,也必然随着发生一些显著的变化,甚至可能与现在意义上的图书馆完全两样。对于这一点,从现在起,我们就应当有所认识。

第四,国家的扶持和保护也是图书馆发展的不可缺少的条件。

图书馆从产生伊始,就与国家有着密不可分的联系。在奴隶社会和封建社会,奴隶主政权和皇帝的统治机构代表了国家。最初的图书馆,从考古发现来看,几乎都是皇室图书馆。在当时,只有他们才能占有文化,而且他们还有无数的财产和至高无上的权力。因此,图书馆只能产生于这样的环境中。到了资本主义社会,资产阶级政府代表着国家,此时的资本主义国家图书馆得到了迅速的发展。在我们社会主义国家中,无产阶级政权代表着国家,劳动人民创造文化,并且是文化的主人。图书馆也在国家的扶持和保护下,得到大规模地发展。国家干预图书馆的发展,主要通过这样一些手段:

一是制定法律。许多发达国家都有比较健全的图书馆法。特别是国家规定的"呈缴本"制度,对于保证国家图书馆藏书的完整性、系统性,起到了可靠的保证作用。法律是图书馆得以发展的重要依据。

二是拨款购书,支付图书馆的费用。一般来说,图书馆在经济方面都不能自主。它的经费来源主要是靠国家拨款,因此,国家掌握着图书馆的经济命脉。当然,在西方国家,由私人或团体捐款资助的图书馆也不在少数,但由国家拨款资助的图书馆,从整体上看,仍然是国家图书馆事业的主体。

三是控制国家图书馆的人事变动。一般情况下,国家图书馆的馆长、副馆长要由政府有关部门任命。国家干预图书馆的人事安排,以便使图书馆更好地为国家利益服务。在任何一种社会里,图书馆都不可能超越时代,去为抽象的国家服务。

第五,国际间图书馆界的交流,对图书馆的发展产生着积极的影响。

在工业革命之后,国际间图书馆界的交流开始频繁进行,国际图书馆界的组织也不断出现。这些活动有利于图书馆的资源为全人类共享。而作为人类的整体需要,又促使图书馆不断地向更高级的形态发展。

综上所述,影响图书馆发展的因素,既有直接的,也有间接的;既有客观的,也有主观的。它们不是孤立地、互不联系地对图书馆产生影响,而是作为联系着的、综合的因素对图书馆的发展起作用。正是由于这些因素的综合作用,才使得图书馆发展成今天的形态,而且,图书馆也还会在这些因素的共同作用下走向明天。

2. 图书馆发展的特点。

图书馆作为人类社会的特殊产物，它一出现，就有其自身的发展特点。概括起来，这些特点主要表现在以下几个方面：

①就世界范围来看，图书馆发展具有不平衡性。图书馆在数量上的分配是以国家的经济实力和文化水平为基础的。从古至今，凡是发达国家，图书馆的数量就多；凡是落后国家，图书馆的数量就少。在先前比较发达，而后来又衰落的国家里，图书馆的数量也经历了由多到少的过程。除了这种数量上的不平衡之外，还有速度上的不平衡。图书馆的最初形成，距今已有近三千年的历史了，但图书馆的发展却极为缓慢。到近代工业革命之后，图书馆才有了突飞猛进的增长，这不过是近百年来的事。而且在这个过程中，政治、经济的发展比较稳定的国家，其图书馆发展的速度也快；而政治、经济发展不稳定，特别是受到战争等破坏性因素影响的国家，则图书馆发展的速度，也大大减慢。因此，就世界范围来看，图书馆的发展，在不同的国家，其速度是不同的，也存在着不平衡性。

②图书馆由封闭式向开放式发展。在古代，图书馆被少数皇家贵族的有钱人把持，图书馆对社会是封闭的。它不是人们交流思想的场所，而只是那些王侯贵族和僧侣等人的附属物和点缀品。而现在，图书馆则是开放式的，对全社会开放。特别是在社会主义国家里，劳动人民成了社会的主人，他们对图书馆行使管理权，因而图书馆也必然对他们开放。随着电子计算机等现代信息技术在图书馆的应用，图书馆收藏的多元化，传输的网络化，图书馆的自动化，又一次改变了图书馆旧的格局，大大地提高了图书馆的服务能力，使图书馆具有更为宽广的时空意义。这种变革的目的，是使人类的精神财富，能够在更宽广的范围内实现资源共享。

③图书馆的职能在不断扩大。早期的图书馆，其职能比较单一，主要是以收藏图书为主。随着社会生产力的发展和科学技术的进步，图书馆的职能由最初的重收藏而发展到现在的重使用。

图书馆越来越多地担负起对社会文献流的整序和对社会文献信息管理的职责。这就使得图书馆由过去意义上的"藏书楼",而发展成为现在的传递文献信息的社会机构。此外,图书馆还担负着进行社会教育的职责,它为人们提供了一个良好的自学场所。图书馆职能的扩大,是它不断适应社会需要的结果。同时也表明,图书馆具有很强的适应性。

④图书馆的发展,始终与人类文明的发展同步进行。图书馆产生于人类文明的萌芽时期——农业社会。在人类文明的形成时期——工业社会,图书馆得到了极大的发展。那么,在人类文明的成熟阶段——信息社会,图书馆将得到更大的发展。当然,信息社会的图书馆,其形态肯定与现在的有所区别了。人类文明越是发展,图书馆也随之发展。反过来,图书馆的发展又成为人类文明的标志。

总而言之,图书馆在发展过程中是有其特点和规律的。只是我们目前对此尚未有一个明确的认识。特别是图书馆发展的规律还有待我们进一步地探讨,以便将其充分揭示出来。发现图书馆发展的规律,对于我们深入认识图书馆的本质,做好图书馆工作,发展图书馆事业,无疑都是十分重要的。

# 第三节　图书馆的属性

## 一、图书馆的一般属性

图书馆作为人们在社会实践活动中创造出来的一种社会机构,人们并不是在创造它的时候对其性质就认识清楚了的。这里面是有一个认识过程的。人们开始研究图书馆的性质是在图书馆学诞生以后。随着人类社会实践的深入发展,图书馆的地位和作

用也逐渐为人们所重视,人们对图书馆性质的认识,也就越来越深入。从现有的研究结果来看,图书馆的一般属性,主要有以下几点:

1.图书馆的社会性。

所谓社会,指的是由一定的经济基础和上层建筑构成的整体,也就是通常所说的社会形态。社会的另一个含义,是泛指由共同物质条件而互相联系起来的人群。图书馆的社会性,指的是它作为人创造的社会机构,在其发展过程中能体现出不同社会形态的特点。图书馆作为人们共同使用人类的精神财富的一种组织形式,它具有明显的社会性。

第一,图书馆是人类社会活动的产物。图书馆不是自然界给予人类的恩赐,它是在人类社会形成以后,人们在实践活动中,由于共同的需要而创造出来的。这种创造是一种综合作用的结果。它既需要人们主观上的需求,也需要客观提供的物质条件。所以说,图书馆一诞生就带有人类社会的胎迹。在社会发展的过程中,各种社会形态都在图书馆的身上打上自己的烙印。图书馆在不同的社会形态中,具有不同的形态。图书馆的活动同人的社会活动密切相联。因此,图书馆具有鲜明的社会性。

第二,图书馆的藏书具有社会性。图书馆藏书是一种综合性的文化资源。这种文化资源是人类共同创造的精神财富,是记录社会与自然知识和情报的各种信息载体,包括文字的、符号的、图像的、声音的各种储存形式。它具有继承性和传递性。通过图书馆,人类的知识一代一代地积累起来,继承下去;通过图书馆,情报被广泛地传播和运用,从而推动社会创造更多的精神财富和物质财富。从这个意义上说,各类型图书馆是社会上储存文化资源的工厂,在这些工厂里,蕴藏着取之不尽、用之不竭的精神财富。开发并利用这些无形的财富,同开发和利用自然资源一样,对人类社会具有同等重要的意义。

第三,图书馆的读者具有社会性。在图书馆产生的初期,它的读者有一定的局限性。到了近代,随着图书馆职能的扩大,它的读者具有越来越大的广泛性。图书馆是广大群众共同使用藏书的场所,尤其是各级公共图书馆,它主要是面向社会,为社会各阶层、各行业的广大群众服务。图书馆藏书被读者利用得越充分,图书馆的社会作用就发挥得越大。要保护读者使用图书馆藏书的权利,并为读者使用图书馆藏书创造条件。当然,各个图书馆应当根据自己的服务能力和具体条件,明确服务工作的重点,确定一定范围和数量的读者作为自己的重点服务对象。但是就图书馆的整体来说,它的服务对象应具有社会全民性的范围;我们社会主义制度下的图书馆,更应该加强这种全民性的社会服务职能。

第四,图书馆事业和图书馆工作具有社会性。图书馆事业是一项社会事业。办好这项事业不是单靠哪个部门就能办得到的,必须依靠全社会才能使图书馆事业兴旺发达起来。为此,就必须努力实现图书馆事业组织的网络化。图书馆工作的社会性,主要指的是资源共享的社会化趋势。现代科学研究的重大课题,往往具有综合性和国家规模等特点,这就要求广泛地组织图书情报资源,充分地实现地区范围、行业范围、国家范围,以至国家范围内的图书情报资源共享。图书馆事业组织的网络化和图书情报资源共享的社会化,两者是紧密联系的。前者是后者的组织保证,而后者则是前者的根本出发点和归宿。

2. 图书馆的依辅性。

图书馆作为人类创造的一种社会机构,是有其相对独立性的。这种相对独立性,突出地表现在它是社会劳动分工的产物。它是一个独立的搜集、整理、保藏、利用图书文献的机构。但是我们还必须看到问题的另一方面,图书馆具有依附性和辅助性。图书馆的依附性,是指图书馆不是一个独立的经济实体,在经济上必须有所依附,才能保证购书经费和人员的工资支出。一旦失去了经济上的依附,图书馆就无法维持。这种依附性就决定了图书馆必须为其经济资助者服务。这些经济资助者包括国家、单位、团体和个人。其资助形式是多种多样的,既有政府拨款,也有个人捐款(包括募捐)。在社会主义国家里,全民所有制经济决定了政府给图书馆的拨款是全体劳动人民共同创造的。因此,图书馆为全社会的人民服务是理所当然的。所谓图书馆的服务性,正是由这种经济上的依附性所决定的。封建社会的"藏书楼"只为少数人服务,除了政治上的原因之外,经济上受少数人控制,也是根本原因之一。而工业革命之后,图书馆逐渐成为一种社会事业,由公众资助办起的图书馆为公众服务,也就是自然而然的事了。

图书馆的辅助性,是指图书馆在人类社会实践活动中,从来都是处于辅助地位的。通俗地讲,图书馆就相当于经济领域中的"第三产业"。在人类的精神生产中,图书馆是属于流通环节中的机构。它不直接参加精神生产活动,而是一方面为精神生产提供原材料,另一方面,又帮助从事精神生产的个人或单位实现其产品的价值(指内容价值)。图书馆存在的意义就在于它具有这种辅助性。辅助性与依附性是一个问题的两个侧面。依附性是图书馆存在的经济基础,而辅助性是图书馆存在的功利目的。正因为图书馆有依附性,所以,图书馆的发展始终与社会经济的繁荣相联系,总是要受社会经济的制约。同时,也正由于图书馆的辅助性,才使得它在人类文明的发展中起了非常重要的作用。没有辅助的属性,图书馆就失去了其存在的价值;没有依附的属性,图书馆就没有存在的基础。因此,依辅性是图书馆的属性之一。

3. 图书馆的学术性。

把图书馆说成是个服务性机构,恐怕反对意见不会很多。但说图书馆是个学术性机构,则有很多人会不以为然。为什么呢?因为许多人对图书馆的理解过于狭隘,总觉得它只是个服务单位,借书还书有什么好研究的。其实不然,借还书只是图书馆活动的现象,在这种现象的背后,隐藏着图书馆活动的本质。图书馆具有学术性,正是这个本质的一种表现。

如何理解图书馆的学术性呢?我们通过以下几个方面的阐述,就可以看得比较清楚了。

首先,图书馆的学术性表现在图书馆是整个科学研究大系统中的一个子系统。我们知道,任何科学研究都必须借助于图书资料所记载的、人类长期实践积累的知识和经验,而图书馆是为科学研究搜集、整理、提供图书资料的社会机构,图书馆活动是整个科学研究活动的不可分割的组成部分。因此,从整体上看,图书馆所从事的工作正是科学研究工作的前期劳动。当然,这是形象一点的说法,实际上,科研工作离开了图书馆是无法进行下去的。这正像实验室对于科学研究活动来说,是须臾也不能离开的一样,图书馆也直接参加了科学研究的学术活动。因此,在这个意义上,我们才强调指出图书馆具有学术性。特别是对于科学专业图书馆和大学图书馆来说,这一点体现得更充分一些。

第二,图书馆工作本身就是一种学术性活动。我们知道,图书馆的工作对象一是文献,二是读者。文献是人类的精神财富,读者是具有一定文化水平,其中的大部分又是直接从事精神产品生产的人。所以,图书馆工作的学术水平的高低直接影响着对文献处理得是否科学,为读者服务得是否周到。此外,图书馆工作过程的各个环节之间,相互联系得十分紧密,形成了一个有机整体。各种工作的最后结果,都集中体现在文献的流通上,也就是一般意义上的借还书工作中。因为借还书也是图书馆与读者联系的渠道,所以,在一些人眼里,图书馆的工作无非就是这样一些机械性、重复性的劳动。其实,图书馆的大量的工作都是隐蔽在流通阅览工作的背后,这些工作也恰恰就是学术性最强的工作,比如图书分类、图书编目、藏书保护、藏书管理等等。这些工作都是带有研究性质的,工作人员必须付出艰巨的脑力劳动才能做好。此外,图书馆还有参考咨询工作,这也是一种学术性很强的工作。它要为读者提供情报,并且还要对情报进行分析,甚至要拿出综述性的结论。因此,这种工作的难度是很大的,没有一定科研能力的人是不能胜任的。

第三,图书馆的工作人员,有很大一部分是属于科技人员。既然图书馆工作是属于学术性的工作,那么,从事这些工作的人也必须是有一定科研能力的人。在许多国家里,图书馆都有一批相当可观的专家,这些专家都是有真才实学的科技人员。他们中的许多人甚至可以直接参与科研课题的研究工作。从这个角度上看,图书馆的学术性也是言之成理的。

总之,图书馆的学术性是客观存在的,而我们对它的认识则带有很大的主观性。我们不能因为局部图书馆存在的问题,而否定图书馆在整体上的这种学术性。对于这一点,我们必须给予足够的认识。尤其在我国,图书馆具有学术性这一观点,在许多人的头脑中尚未形成,因此,我们必须深入研究,讲清道理,广泛宣传。另一方面,我们也一定要加强图书馆工作的研究,努力提高服务水平,使读者在利用图书馆时,切身感受到图书馆的学术性。

## 二、图书馆的本质属性

所谓图书馆的本质属性,一般说来就是图书馆本身所固有的、并且对图书馆的社会职能、服务对象、机构设置、领导体制、方针任务、方向道路、内容方法等等都起制约作用的一种属性。失掉这种属性,图书馆的性质就要发生变化。图书馆的一般属性是由图书馆的本质属性派生出来的。什么是图书馆的本质属性呢? 通过研究我们发现,中介性是图书馆的本质属性。正是由于这个本质属性的存在,才派生出图书馆的社会性、依辅性以及学术性等其它属性。中介性对图书馆的存在起了决定性的作用。

1. 图书馆是中介性机构

在考察图书馆起源的过程中,我们可以发现,人类信息交流方式的变革(由单纯的直接交流而变成间接交流),是图书馆产生的前提。文献的出现是图书馆产生的直接原因。文献存在于图书馆之中,图书馆就是文献的介质。文献借图书馆得以传播。我们在谈图书馆概念时指出:"图书馆是搜集、整理、保管和利用书刊资料,为一定社会的政治、经济服务的文化教育机构。"实际上,这里讲的就是图书馆的中介性。文献由图书馆加以传递的形式,被叫做文献交流的正式渠道。而文献的直接传播,则被称为非正式渠道。由此可见,图书馆在文献交流过程中,的确是处于一个中介物的地位。如果我们站在人类思想信息交流的大系统的角度来看这一问题,则会更加清楚了。人类的思想活动及其结果,除了用语言、动作、实物进行人与人之间的直接交流之外,主要的是利用文献进行间接交流。图书馆便是帮助人们利用文献进行间接交流的中介物。如图一所示:

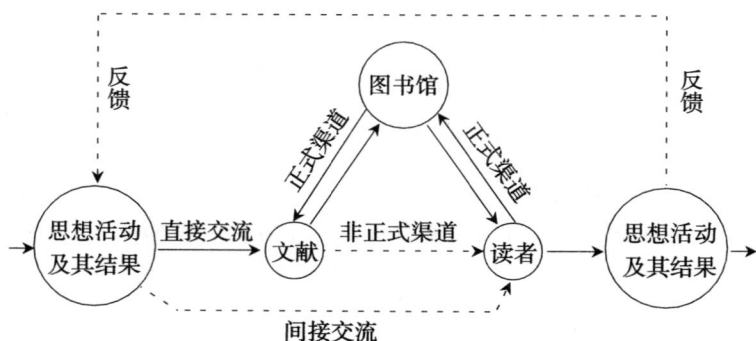

图一　图书馆的中介性

我们用实线表示间接交流(正式渠道),用虚线表示直接交流(非正式渠道)。这样,图书馆的中介性便一目了然(为了使问题

54

容易说清楚,我们在这里没有涉及实践的问题)。文献通过图书馆与读者见面;读者通过图书馆与文献建立联系。在人们的精神生产过程中,图书馆确实处于流通领域的地位。它在文献与读者之间增加了一个联系的环节。这是人类历史发展的产物。随着信息化社会的到来,电脑的应用使得文献与图书馆一体化的设想成为可能,这样,人类的信息交流就会更迅速、更准确、更方便了。那时,图书馆的中介性还会存在,只是图书馆的形态将发生巨大的变化。

2. 图书馆的中介作用

图书馆的中介作用,是通过图书馆工作体现出来的。图书馆工作的实质,就是转换文献信息,实现文献的使用价值和部分价值(内容价值)。文献信息就是以文献为载体的人类思想信息。但文献信息又不全是内容信息,它还包括形式信息(文献的物质形态信息)。图书馆工作的任务,就是充分揭示文献的形式信息,从而使文献的内容信息得以传播。图书馆工作的各个环节,包括采购、分类、编目、保管、借阅等都是为了实现传播文献内容信息的目的。因此,它们也都体现出了图书馆的中介作用。此外,在商品社会中,文献作为一种商品,其价值被分成了两个部分:一是它的商品价值,这由出版发行部门实现;二是它的内容价值,这要通过对文献的使用才能实现。也就是说这部分价值要随着文献的使用价值的实现而实现。当然,这里面对文献的使用还要作进一步的区分。如果仅仅是阅读,只是实现了文献内容价值的一部分;必须通过实践才能实现文献的全部内容价值,或者是创造出新的产品,或者是创造出新的文献。图书馆的中介作用,仅仅体现在它能够实现文献的使用价值和部分内容价值。至于对文献内容的利用,则不是图书馆分内的事情了。就这一点来讲,要想发挥图书馆的中介作用并不是那么容易的。使用文献是利用文献的第一步,而这第一步的实现,也要靠图书馆的努力了。还有一点,那就是图书馆工作并不增加文献的原有信息量。它主要的任务是想方设法去传递文献信息，以便使读者能够使用它。如图二所示：

图书馆

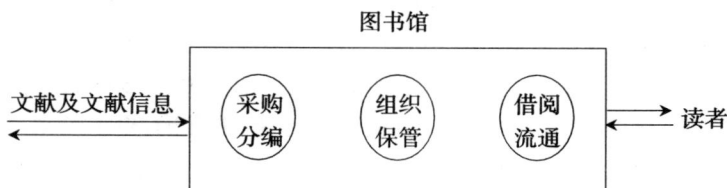

图二　图书馆的中介作用示意图

　　图二的模式，仅仅是个草图。图书馆为了发挥其中介作用，就必须做好这样几项工作：采购与分编，组织和保管，借阅与流通。这样，它才能真正成为联系文献与读者的纽带，才能为一定社会的政治、经济服务。

　　3. 图书馆的中介性与其它属性的关系

　　我们在弄清楚图书馆的中介性之后，再来看其本质属性与一般属性之间的关系就比较容易看清楚了。

　　首先，图书馆的中介性是图书馆的社会性的基础。图书馆的社会性是从图书馆与社会的联系的角度来认识的，而图书馆之所以能与社会发生关系，是因为它具有中介的作用。无论是图书馆藏书和读者，还是图书馆网与资源共享，离开了图书馆的中介作用都是办不到的。图书馆联系社会的基础，正是图书馆的中介性。中介性决定了图书馆的存在，而后才有图书馆与社会的联系。所以说，中介性决定了社会性。

　　第二，图书馆的中介性是图书馆依辅性的根据。正是由于图书馆的中介性，所以，它的独立性也是相对的。它不是独立的经济实体，它必须有所依附才能存在和发展。同时，也正因为图书馆具有中介的作用，才使得它具有辅助性的功利性能。它的这种中介作用,恰恰是通过辅助性来实现的。因此,没有这种中介性,图书馆也就不存在依附谁的问题;而没有这种中介性,图书馆当然也不会成为辅助性工具而为社会所利用。中介性也决定着依辅性。

第三,图书馆的中介性是图书馆学术性的先决条件。图书馆学术性的表现,正是中介性所要求的。为了发挥图书馆的中介作用,图书馆必须加强学术性活动,以便准确、迅速地传递文献及文献信息。因此,中介性对学术性也起了决定性的作用。

总之,图书馆的社会性、依辅性、学术性是由中介性派生出来的,并受到它的制约的,这是问题的一个方面。问题的另一方面是,图书馆的这些一般属性又反过来影响图书馆的中介性。任何一个方面的作用发挥不好,都会妨碍和干扰图书馆中介作用的发挥。因此,它们是相辅相成的。认识图书馆的本质属性,才能对图书馆活动有比较深刻的理解,才能站在新的高度,了解图书馆的过去和现在,并去推测它的未来。

# 第四节　图书馆的社会职能

我们在对图书馆的性质有所认识之后,再来讨论图书馆的职能问题。所谓职能,就是指人、事物或机构应有的作用。职能是由性质决定的。有什么样的性质就有什么样的职能。图书馆的职能,从根本上讲,是由图书馆的中介性决定的。概括起来,这些职能主要有:社会文献流整序、传递文献信息、开发智力资源与进行社会教育,以及搜集和保存文化遗产。下面对这些问题分别给予说明。

## 一、社会文献流整序的职能

社会文献的生产具有两个明显的特征:一是它的连续性,一是它的无序状态。所谓连续性是指社会文献一旦产生,它就不会停止运动,它总是源源不断地涌现。社会文献的这种连续运动的状态,用形象化的语言来描述,就叫做"文献流"。所谓无序状态,是指社会文献的生产,从个体上看是自觉的、有目的的,而从整体上看则是不自觉的、无目的的,文献的流向是分散的、多头的,有时甚至是失控的。文献的这种无秩序的、自然排列的流动状态就叫做无序状态。社会文献流的无序状态,给使用者带来了极大的不便。为了使人们能够合理地、有效地、方便地利用文献,控制文献流的动向,就需要对文献流加以整序。图书馆就是这样一种能够对文献流进行整序的社会机构。因此,对社会文献流的整序,就成为图书馆的基本职能之一。

图书馆行使社会文献流整序的职能主要体现在以下两个方面:

第一,控制社会文献流的流向。现代文献的无序状态,是受这样一些因素影响的:

1. 社会文献的生产数量大,增长快。由于科学技术在深度和广度上不断发展,各种知识门类不断增加,各个知识领域的书刊文献资料的数量越来越大,增长速度越来越快。目前,全世界每年出书六十万种,现有科技期刊五万五千种以上,每年发表科技论文达四百万篇,每年提出申请的专利说明书有四十至五十万件,技术标准总数已达二十万件,每年国际科技会议资料有十万篇之多,每年出版的产品资料约为五十至六十万种。如果把世界上的科技知识和非科技知识划分开来分析的话,非科技内容的文献资料当前倍增周期为三十至五十年,而科技文献资料倍增周期为七至八年,最多十年。据报道,由于科技的发展,每年给世界增加了两亿个情报单位,平均每年约增长 12%。某些尖端领域和新兴的学科,如计算机、原子能、环境科学等,每二至三年文献量就翻一番。

2. 社会文献的类型复杂,形式多样。传统文献,主要是指印刷形式的图书、期刊、报纸、图片等。而现代文献除了类型繁多的印刷形式之外,还出现了大量的非印刷形式的信息载体,如缩微资料、视听资料、机读资料等等,它们大都是以塑料性材料为介质的信息载体。印刷型、缩微型、视听型、机读型等各种形式的文献资料并存的状况,将持续相当长的一段时间。

3. 现代社会文献的时效性强。这种情况突出地反映在科技文献中。目前,科技知识的更新期在不断缩短,科技文献的"老化"在不断加剧。国外有些人认为,各类科技文献的平均寿命为:图书 10—20 年,科技报告 10 年,学位论文 5—7 年,期刊论文 3—5 年,标准文献 5 年,产品资料 3—5 年。据欧美一些国家统计,科技文献平均寿命低于 10 年。文献时效性的增强,就使得老化了的文献,成为社会文献流中的一种"污染物"。

4. 文献的传播速度加快。由于现代化交通工具、通讯工具、印刷技术以及文献载体的缩微化和电子计算机应用的普及化的迅猛发展,使得文献传播的速度大大加快。文献流的流量加大,流速加快,就不可避免地给文献流的控制带来种种困难。因此,使文献的无序状态得到进一步发展。

5. 文献的内容交叉重复。科学技术发展的趋势,向着分化与综合两个方向前进。分化的趋势导致学科愈分愈细,分支越来越多;而综合的趋势导致各个学科互相交叉渗透,出现许多边缘学科、综合学科、相关学科,学科之间的严格界限在消失转化,学科之间的相互联系在逐渐加强。在此形势的影响下,反映现代科学技术的文献资料,一方面内容广泛分散,复杂多样,很不集中;另一方面相互渗透,彼此重复交叉的现象很严重。同一刊物登载许多学科的论著,同一出版物由一种类型转化为另一种类型,一书多版,旧书改版,互相翻译,同一论著在不同的刊物上发表,在不同时间和地点出版等类似现象常常出现。据估计,在目前,某一专业的论文,至少有三分之一出现在与本专业无关的刊物上。

6. 文献所用语种在扩大,文献质量下降。据统计,目前世界上大约有 66 种语言用于文献上。其中较为通用的文种只有 12 个。因此,大约有二分之一的现代文献是用各学科专家所不懂的文字出版发行的。此外,文献质量也在逐渐下降。尤其是期刊质量,下降更为明显。据调查,在科技期刊上登载的论文,有 35% 从未被人利用过,有 49% 只被人利用过 1—2 次,只有 16% 的论文被人们多次使用。

这六个方面的因素,使文献的无序状态逐步加深,进而使得文献流的流向更加分散。因此,对社会文献进行整序,就可以实现文献流的定向流动。只有控制了社会文献流的流向,才能化不利因素为有利因素;反过来,只有充分认识了影响文献流无序状态的因素,因势利导,才能使文献流合理流动。

第二,发挥文献的潜在能量。分散的文献虽然具有极大的能量,但是,一种图书、一种善本、一种期刊或一篇论文,只有当它是一个文献集合体的一部分时,才能充分发挥其潜在的能量。无序状态的文献,只能使人茫然不知所措,而经过整序的文献,形成一个整体,就会使读者得到一种支配它的力量,他才能够驾驭文献而不致被文献流所奴役。在此基础上,他才能充分利用文献所提供的潜在能量,深入地进行专业研究。因此,一千种文献经过图书馆整序而形成的文献集合体,比分散的、无序的一千种文献的个体所起的作用不知要大多少倍。这种整体的力量就是文献流的潜在能量。所以,图书馆的整序,是发挥文献潜在能量的先决条件。这正如水库的闸门一样,通过闸门的水就可以给人类带来无穷的效益,而无序的水流则往往要浪费掉它的潜在能量。

图书馆的整序职能,通常是由对馆藏文献的分类、编目、保藏等手段来实现的。整序的实质就是组织和控制。社会文献流经过图书馆的整序就成为有序的文献集合体,因而才能为读者所利用。没有整序的职能,图书馆的性质就无法体现,图书馆也就失去了存在的价值。

## 二、传递文献信息的职能

这是图书馆的另一个基本职能。传递是由图书馆的中介性所规定的。没有传递也就无所谓中介性。问题是图书馆传递的对象是什么,目前还有着认识上的分歧。有人认为,图书馆是传递文献的,还有人认为图书馆是传递科技情报的。这两种看法都是可以成立的,但又都有其片面性。传递文献的确是图书馆的职能,但这只是传递职能的一小部分。因为它仅仅是对图书馆传递职能形式上的概括,没有揭示出借书还书这种现象的本质。而传递科技情报则比传递文献深入了一层,是从图书馆传递职能的内容上进行概括的。但是,这样提出问题有两个无法解决的矛盾:一是传递科技情报不是孤立进行的,它是通过传递文献来实现的。离开了文献的传递就无所谓情报传递。因此,图书馆传递科技情报的职能是在传递文献的基础上实现的。所以,不能离开文献传递孤立地讲情报传递。二是传递科技情报的职能与情报部门如何进行区别。在当今社会里,图书馆与情报部门还有着很大的区别。最重要的区别就在于图书馆仍然以文献传递为主,而情报部门则可以进行其它各种形式的情报传递。因此,笼统地讲图书馆传递科技情报的职能,容易失去图书馆本身的特点。那么,究竟如何表述图书馆传递的对象呢? 我们认为,还是说传递文献信息较好。文献信息既可以代表文献,也可以代表情报,使用起来比较灵活,也比较全面。它比较接近对图书馆传递对象的本质概括。图书馆传递文献信息的职能,主要通过以下几个方面体现出来:

1.图书馆传递文献的内容信息。文献是人类思想信息的载体。文献存在的意义就在于它能够传播思想信息。图书馆对文献的传递,实质上就是传递载于文献中的思想信息——文献的内容信息。这是图书馆活动的根本目的。读者到图书馆的最终目的也是要获取文献的内容信息。因此,在图书馆借书还书现象的背后,隐藏着的是传递文献内容信息的本质。在这些内容信息中,能够消除读者对文献主题内容的不确定认识的部分,就构成了情报。所以,情报的传递也是随着文献的内容信息的传递一起进行的。

2. 图书馆传递关于馆藏文献的信息。这种传递的目的在于回答某个图书馆是否收藏某种文献,以便消除读者关于某种文献该馆是否收藏的不确定性认识。图书馆目录是传递关于馆藏文献信息的主要工具。图书馆目录的本质,就是馆藏文献信息的集合体。读者对图书馆文献的利用,首先是通过查阅图书馆目录,在获取了馆藏文献信息之后,通过借阅而实现的。因此,图书馆传递文献的内容信息,是以传递馆藏文献信息为基础的。读者只有在获取了馆藏文献信息之后,才能进一步获取文献的内容信息。没有这第一步,也就不会有第二步。所以,图书馆传递文献信息的职能必然包括传递馆藏文献信息的方面。

3. 图书馆传递文献信息的形式,有主动传递与被动传递之分。主动传递是指图书馆能够根据读者的需求,主动地进行文献服务,为读者提供读者未知的文献信息。被动传递是指图书馆为读者提供读者已知的文献,而这部分文献的内容信息馆员是不必了解的。但主动传递则要求馆员熟悉文献的内容,能够及时、准确地传递文献的内容信息。目前,在图书馆中大量存在的传递形式是被动传递。随着科学技术的发展,社会文明的进步,图书馆主动传递文献信息的形式将大大地发展起来。馆员对文献内容的掌握将越来越广泛深入。

图书馆传递文献信息的职能,主要是通过图书馆的流通阅览部门来实现的。因此,这一部门工作的好坏,直接影响着图书馆传递职能的发挥。

### 三、开发智力资源，进行社会教育的职能

开发智力资源，进行社会教育，是图书馆的客观作用。图书馆的馆藏文献是人类思想的结晶，它也为图书馆从事智力开发，进行社会教育提供了丰富的、雄厚的物质基础。

智力资源的开发，主要包含两层意思：一是开发馆藏文献资源，二是启发读者的智力，培养读者进行科学思维的能力。馆藏文献资源是人类智力活动的物化形式。人类科学技术的发展，是建立在吸取前人经验的基础上的。而馆藏文献并不是都能在同一时间里被读者全部利用的，有许多文献被搁置在书架上，长期无人问津。这里面的原因是多方面的。除了图书馆对文献流整序不当而使文献不为人利用之外，还有一个重要的因素，就是社会对文献本身存在着的认识上的局限性。许多文献长期积压在图书馆的书库里，或者是由于人们对它们的价值没有足够的认识，或者是由于语言上的障碍等等，结果造成了智力资源的浪费。因此，图书馆对馆藏文献的开发与利用，是应尽的职责。只有这样，才能及时、准确地揭示文献的内容信息，为传递文献信息创造条件。图书馆进行智力开发，还体现在对读者进行的各种图书馆教育上。这些教育包括：书目知识教育、文献检索知识方法的教育、阅读方法教育和学习方法教育等等。它们对启发智力，活跃思想，培养科学思维能力，提高学习效率等都起着重要的作用。特别是对读者进行的"如何使用图书馆"的综合性教育，对读者从事科学研究或者自学都是大有好处的。这种智力开发的作用，也是其它的社会机构所不能代替的。

图书馆进行社会教育，是在图书馆为社会提供了自学的场所这个角度上提出来的。图书馆不是实施这种教育的主体，实现这种教育的人是读者本身，是社会上大量存在的自学者。图书馆作为一种中介性的社会机构，它的教育职能也带有中介性——文献

对读者的教育作用是通过图书馆为中介而实现的。同时,图书馆的教育职能也受图书馆的社会性、依辅性和学术性所制约。一方面,到图书馆接受文献教育的读者具有广泛的社会性;另一方面,图书馆也必须依靠充足的经费、丰富的馆藏文献,才能实现这种对教育的辅助作用。此外,这种教育职能发挥得好坏,还与图书馆的学术水平有关。因此,图书馆的教育职能有一定的局限性。但是,由于图书馆藏书的连续性,使得图书馆的教育也具有长期性和稳定性,并且是无限发展的。受教育者可以长期地、自由地利用图书馆进行自学,这是学校教育所不能比拟的。

图书馆的智力开发与进行社会教育的职能是相互联系的。没有智力开发,进行社会教育的职能就无法行使得完善;而离开了社会教育,图书馆的智力开发也就失去了意义。未来社会的发展,关键靠人才。而学校教育仅仅是培养人才的一种形式。在大力提倡"终身教育"的今天,图书馆的开发智力资源、进行社会教育的职能就显得格外重要。

**四、搜集和保存人类的文化遗产的职能**

图书馆是作为保存各民族文化财富的机构而存在的,只有图书馆担负着保存人类文化典籍的任务。世界上一些历史悠久的大型图书馆,都是保存人类图书文化遗产的宝库。有很多国家专门制定了保护图书文化遗产的政策法令和图书出版物的呈缴本制度。搜集和保存人类的图书文化遗产是图书馆对国家负责的社会职能。

在信息化社会里,图书馆要成为人类文化遗产的贮存中心。图书馆所搜集的文献不能仅仅是印刷型资料,还必须搜集各种文化的传播载体。同时,图书馆还应当搜集各种形式的制作和使用非印刷型资料的设备。图书馆员必须具有一些专门知识,以便熟悉各种形式的传播载体及其辅助设备的特性,并且具备选择和评价的能力。随着人类社会的发展,图书馆搜集人类文化遗产的范围正在不断地扩大。

保存人类文化遗产的职能,是图书馆最古老的职能。直到现在,保存文化的职能仍然是图书馆其它职能的基础。可以说,如果图书馆没有保存文化遗产的职能,它也就没有文献流整序、文献信息传递和教育的职能。图书馆在自身的发展过程中,保存的对象的形式在不断发生变化。从最初的龟甲兽骨、纸草泥版,到近代的印刷型图书,再到现代的磁盘、磁带、胶片、缩微平片等等,只要是人类社会每前进一步所留下的文化遗产,都可以作为图书馆保存的对象。但是,与古代图书馆保存文化遗产的目的不同,现代图书馆的保存职能,更多地体现在对文献的利用上。保存的目的在于使用。因此,现代图书馆保存文化遗产的职能,在图书馆的其它职能中是处于从属地位的。但同时我们也必须看到,图书馆搜集和保存人类文化遗产的职能是图书馆本身所固有的、有代表性的职能。是图书馆区别于情报部门的重要特点之一。

综上所述,图书馆的社会职能是在图书馆的发展过程中逐渐形成的。在图书馆发展的不同阶段上,图书馆的职能有不同的侧重点。当然,从总体上看,图书馆的四种基本职能是互相联系、互相补充的。孤立地强调某方面的职能而忽视其它职能的作用,则是片面的。对于不同类型的图书馆来说,图书馆的职能也要根据其性质、任务、服务对象、收藏范围和所在地区等具体情况的不同,而有所侧重。因此,应当强调从各馆的实际出发,来发挥图书馆的职能作用,以便办出图书馆的特色来。

# 第三章　图书馆的类型

## 第一节　划分图书馆类型的标准

### 一、划分图书馆类型的意义

随着图书馆事业的不断发展,社会上出现了各式各样的图书馆。这些图书馆的具体任务和服务对象不同,对书刊文献资料的搜集、整理、保管和传播的内容、形式及方法也各有差异。因此,对图书馆分类的研究,已成为图书馆学研究中的一个重要问题。

研究图书馆的类型划分,有助于把握不同类型图书馆的不同特点,以便能够从读者的情报需求、藏书和目录组织及组织管理等方面来科学地制定各类型图书馆的方针任务,充分发挥各类型图书馆的作用。

发展各种类型的图书馆,组成为科学研究和广大群众服务的图书馆网,是今后一个时期内我国图书馆事业建设的重要任务。要使我国图书馆类型多样,布局合理,就必须深入研究国内外图书馆的类型、特点和发展的规律性。所以,研究图书馆的类型划分有着重要的实际意义。它有利于从全国或一个地区范围内对图书馆事业的发展做好全面规划和统筹安排,促进图书馆事业均衡、协调地发展。

研究不同类型图书馆的产生、发展及其特殊性,是专门图书馆学的基本内容。按照类型来研究图书馆活动,科学地总结出不同类型图书馆的特点及其发展的规律性,是发展专门图书馆学所必须的。

## 二、划分图书馆类型的标准

确定划分图书馆类型的标准,就要弄清各个图书馆的基本状况,在诸多的差异之中,寻找出若干共同的、相近的因素。这些共同的、相近的因素,就成为人们划分图书馆类型的标准。由于这些共同的、相近的因素是从各个图书馆的不同方面寻求出来的,这就使得划分图书馆类型的标准具有多样性。因此,根据不同的标准来划分,图书馆就会分属不同的类型。在国际上,由于各国对图书馆类型的划分标准很不一致,这就不可避免地给图书馆事业的统计和图书馆界的交流造成很大的困难,因而划分图书馆类型的标准很有统一的必要。在联合国教科文组织(UNESCO)的支持下,国际标准化组织(ISO)和国际图书馆协会联合会(IFLA)为制定图书馆统计的国际标准,从 1966 年开始,进行了一系列工作,终于在1974 年由国际标准化组织颁布了"ISO2789—1974(E)国际图书馆统计标准"。在这个标准中,专门有"图书馆的分类"一章,把图书馆区分为:国家图书馆、高等院校图书馆、其它主要的非专门图书馆、学校图书馆、专门图书馆和公共图书馆六大类型,并对每个类型的图书馆都作了概念性的规定,即:

国家图书馆的定义是:凡是按照法律或其它安排,负责搜集和保管国内出版的所有重要出版物的副本,并且起贮藏图书馆的作用,不管其名称如何,都是国家图书馆。它们通常也执行下述某些功能——编制全国总目录;拥有并更新一个大型的有代表性的外国文献馆藏,包括有关该国的书籍;作为国家文献目录情报中心;编制联合目录;出版回溯性全国总书目。名字叫做"国家"图书馆,但其功能与上述定义不符者,则不应列入"国家图书馆"类型之中。

高等院校图书馆的定义是：主要服务于大学和其它第三级教学单位的学生和教师的图书馆。它们也可能向公众开放。注意应作如下区别：①大学的主要或中心图书馆或者同一馆长领导下的分布于不同地方的一组图书馆；②附属于大学的研究所和系，不受大学的主要或中心图书馆领导和管理的图书馆；③附设于高等院校但不是其一部分的图书馆。

其它主要的非专门图书馆的定义是：有学术特征的非专门图书馆，它们既不是高等院校图书馆，又不是国家图书馆，但它们对特定的地理区域履行一个国家图书馆的作用。

学校图书馆的定义是：那些属于第三级院校以下的所有类型的学校的图书馆，虽然它们也向公众开放，但主要服务于这些学校的教师和学生。用于同一学校若干班级的单独馆藏应认为是一个单一的图书馆，它们应算为一个行政管理单位和一个服务点。

专门图书馆的定义是：那些由协会、政府部门、议会、研究机构（大学研究所除外）、学术性学会、专业性协会、博物馆、商业公司、工业企业商会等或其它有组织的集团所支持的图书馆，它们收藏的大部分是有关某一特殊领域或课题，例如自然科学、社会科学、农业、化学、医学、经济学、工程、法律、历史等方面的书刊。注意应作如下区分：①对需要服务的所有社会成员提供材料和服务的图书馆；②虽然在某些情况下也为那些负责支持图书馆的团体外的专家的情报需求服务，但它的馆藏与服务主要是针对它的基本用户的情报需求作准备而加以设计的。

公共图书馆的定义是：那些免费或只收少量费用为一个团体或区域的公众服务的图书馆；它们可以为一般群众服务，或为专门类别的用户，例如儿童、军人、医院患者、囚犯、工人和雇员等服务。注意应作如下区分：①真正的公共图书馆，即是那些全部或大部接受市政当局（市图书馆或区域图书馆）资助的图书馆；②由私人资助的图书馆。

这一国际标准,得到了奥地利、比利时、巴西、智利、捷克斯洛伐克、丹麦、埃及、芬兰、法国、西德、印度、以色列、意大利、荷兰、新西兰、罗马尼亚、南非、瑞典、瑞士、泰国、土耳其、美国等二十二个国家的成员团体的赞同。由于技术原因,加拿大和英国表示不同意这个文件。我国当时尚未参加国际标准化组织,当然对这个标准无法表示态度。

综上所述,可见划分图书馆类型至今尚无统一的标准。由于标准的不同,其类型划分的结果就很不一致。

在我国,通常使用的划分图书馆类型的标准主要有如下三种:

1. 按图书馆的领导系统划分,如文化系统图书馆,包括由文化部和各省、市、自治区文化厅、局(文物局、文管会)以至地、县文化局(科)领导的国家图书馆、各级公共图书馆、各级少年儿童图书馆及城乡基层图书馆(室);教育系统图书馆,包括教育部和各级教育行政部门领导的大、中、小学校图书馆(室);科学研究系统图书馆,包括中国科学院、中国社会科学院、中国医学科学院、中国农业科学院、中国地质科学院以及其它专业科学研究机关所属的图书馆(室);工会系统图书馆,包括中华全国总工会及各级工会所领导的工人文化宫和各厂矿企业所属的工会图书馆(室);共青团系统图书馆,包括各级共青团组织所领导的青年宫、少年宫、少年之家图书馆(室);军事系统图书馆,包括军事领导机关图书馆、军事科学图书馆、军事院校图书馆及连队基层图书馆(室)等。

2. 按藏书范围划分,如综合性图书馆,包括各级公共图书馆、综合性大学图书馆、工会图书馆等;专业性图书馆,包括专业科学研究机构、专业院校及专业厂矿技术图书馆(室)等。

3. 按读者对象划分,如儿童图书馆、青年图书馆、盲人图书馆、少数民族图书馆等。

上列标准,各自从不同的角度揭示了图书馆的类型,但任何单一的标准都不能完全揭示各类型图书馆的特点,这就决定了对图书馆类型的划分不能只采用单一的标准,必须把各种标准结合起来使用,才具有完全的意义。因此,从现有的实际情况出发,依据人们的通用做法,结合多种标志,是我国划分图书馆类型的基本原则。根据图书馆的领导系统,结合图书馆的性质、读者对象和藏书内容等标准来划分,目前我国图书馆的类型有:国家图书馆、公共图书馆、学校图书馆、科学图书馆、专业图书馆、技术图书馆、工会图书馆、军事图书馆、儿童图书馆等。

在上述各类型图书馆中,通常认为公共图书馆、科学图书馆、高等院校图书馆是我国整个图书馆事业的三大支柱。因为这三大系统图书馆的藏书丰富、技术力量较强,并承担着藏书中心、服务中心、协调中心和研究中心的重要任务。

# 第二节　国家图书馆

## 一、概况

根据联合国教科文组织 1976 年统计,全世界共有 116 所国家图书馆。像美国国会图书馆、苏联国立列宁图书馆、英国不列颠图书馆、法国国家图书馆、澳大利亚国立图书馆、加拿大国立图书馆、比利时皇家图书馆、日本国立国会图书馆、瑞士国立图书馆,以及我国的北京图书馆等都是世界上著名的国家图书馆。

国家图书馆在很大程度上代表着一个国家图书馆事业的发展水平。它对本国图书馆事业的发展起着重要的作用。在国际图书馆界,国家图书馆有多种类型:

1.公共性的中央图书馆。这种类型的国家图书馆的服务对象是面向社会的。当然,在服务重点方面与一般公共图书馆是不同的,是有所侧重的。如苏联国立列宁图书馆、朝鲜民主主义人民共和国中央图书馆、英国不列颠图书馆、法国国家图书馆、澳大利亚国家图书馆,以及我国的国家图书馆——北京图书馆都属于这种类型的国家图书馆。

2. 政府性的国会图书馆。这种类型的国家图书馆,除了具有公共图书馆的性质外,为议会服务是它们的主要任务。属于这种类型的国家图书馆有美国国会图书馆、日本国立国会图书馆等。

3. 大学图书馆兼作国家图书馆。在北欧一些国家中这种类型的国家图书馆比较多,如芬兰赫尔辛基大学图书馆、挪威奥斯陆大学图书馆都兼负着国家图书馆的任务。

4. 科学图书馆兼作国家图书馆。例如,在 1955 年以前,罗马尼亚社会主义共和国科学院图书馆就兼作国家图书馆。后来考虑到科学院图书馆的主要任务是为科学研究提供服务,所以又在布加勒斯特另建了一所大型综合性公共图书馆——国立中央图书馆,作为国家图书馆,但是,科学院图书馆仍是国家图书馆之一。

**二、国家图书馆的职能**

国家图书馆是担负国家总书库职能的图书馆。1976 年 8 月,联合国教科文组织在瑞士洛桑召开了国家图书馆馆长会议,针对国家图书馆在国家情报系统和国际情报系统中的作用问题通过了一项政策声明,认为“国家图书馆应是图书馆事业的首要推动者,各类型图书馆的领导。国家图书馆应在全国图书馆工作的各项规划中起中心作用”。根据这项政策声明的精神,国家图书馆在国家情报系统中应起三个主要作用:①提供必要的中心图书馆服务;②领导国家情报系统中的图书馆成员;③积极参加国家情报系统和制定全面发展规划。

从世界上大多数国家的实际情况看,国家图书馆的主要职能大体上可归纳如下:

1.完整、系统地搜集本国主要出版物,使国家图书馆真正成为国家总书库。

2.重点地采选外国出版物,使国家图书馆拥有一个丰富的外文馆藏。

3.积极开展科学情报工作,为科学研究服务。

4.编印国家书目,发行统一编目卡片,编印回溯性书目和联合目录,使国家图书馆成为国家书目中心。

5.负责组织图书馆现代技术装备的研究、试验、应用和推广工作,开展全国图书馆网络化的设计、组织和协调工作,使国家图书馆在推动图书馆实现现代化中起中心和枢纽的作用。

6.为图书馆学研究搜集、编译和提供国内外情报资料,组织学术讨论,推动全国图书馆学研究的发展。

7.代表本国图书馆界和广大读者的利益,参加国际图书馆组织及各项外事交流活动,增进与各国人民和图书馆工作者之间的友谊。

### 三、北京图书馆

北京图书馆是我国的国家图书馆。在国际交往中,它使用"中国国家图书馆"(National Library of China)的名称。作为中国的国家图书馆,它所担负的基本任务是:

1.搜集、整理、保存国内外书刊资料,成为我国的国家书库。并逐步采用缩微复制、电子计算机存贮等手段,使之成为我国书刊资料查询和借阅的主要中心。

2.编辑出版国家书目、馆藏目录、联合目录和回溯性目录,编辑和发行全国统一编目卡片、缩微页片和磁带,成为我国书刊资料的目录中心。

3.针对重点服务对象的需要,利用各种形式与手段揭示馆藏,结合馆藏有重点地进行文献研究和学术研究,努力做好各项服务工作。

4. 开展图书馆学理论和技术方法的研究,建立全国图书馆学资料中心。编辑和出版图书馆学专业书刊资料和目录。

5. 研究和采用现代化技术,在我国图书馆事业现代化、网络化、标准化的建设中起到枢纽作用。

6. 开展我国图书馆界的协调与协作工作,根据国家图书馆的职能,承担领导部门委托的有关任务。

7. 代表国家执行对外文化协定中有关开展国际书刊交流和互借工作的规定,加强与国际图书馆界的交流与合作。

8. 根据国家图书馆的特点,利用书刊资料宣传马列主义、毛泽东思想,宣传党和政府的政策、法令,向人民群众进行爱国主义和共产主义教育,传播科学文化知识,提高广大群众的科学和文化水平。

北京图书馆的主要服务对象是:中央党、政、军领导机关,科研部门和重要生产建设单位。依照保证重点、照顾一般的原则,在服务对象上,不仅区分主要的与一般的,而且在主要对象上又确定一批重点,即重点单位、重点读者、重点项目。根据区别对待、分别服务的原则,首先保证重点读者的需要,在可能条件下,适当照顾一般读者的需要。重点读者中主要是科研人员,科研读者可凭科研读者阅览证在各个阅览室(善本特藏阅览室除外)阅览图书。科研读者阅览证的发放对象是:高等院校助教、工厂技术员、科研单位的助理研究员以及相当于上述职称的科研人员,国家机关干部,部队干部,中学教员,研究生等。外地读者可凭单位介绍信来馆阅览,外籍读者按照"外籍人员领证办法"办理阅览手续。

北京图书馆的前身是清朝末年筹建的京师图书馆。该馆始建于1910年,辛亥革命后的1912年正式开放。建国初期,它仅藏书140万册,经过解放后三十五年的建设,它现在拥有藏书1200多万册,是国内规模最大、藏书最丰富的综合性公共图书馆。馆藏中包括有图书、期刊、报纸、资料、地图、图片、金石拓片、甲骨、手稿、缩微胶卷及平片、录音带等各种类型的文献,涉及 140 种文字。其中有许多珍贵藏书和珍贵版本。例如,有马克思给家属的信札手迹,有最早的《资本论》版本,如 1867 年的德文版本、1875 年的法文版本和 1887 年的英文版本;有列宁名著《怎么办?》1902 年的俄文版本;有毛泽东同志的著作《新民主主义论》的木刻本及其他著作的中外文最初版本和译本;有周恩来同志在巴黎共产主义小组时期主编的《少年》油印本;有中央苏区出版的《列宁青年》杂志。还收藏着章太炎、王国维、鲁迅、郭沫若、闻一多、柔石、殷夫、茅盾、巴金、老舍、周立波、曹禺等著名作家和学者的手稿。

北京图书馆收藏的古籍善本非常丰富,有北魏太安四年(公元 458 年)的敦煌写经《戒缘》,北宋初年刻本《开宝藏》、宋端平(公元 1234—1236 年)刻本《楚辞集注》,金(公元 1131—1161 年)刻本《赵城藏》,元大德九年(公元 1305 年)刻本《梦溪笔谈》,明写本《永乐大典》及清(18 世纪中叶)乾隆年间编纂的一部大丛书——文津阁本《四库全书》,以及大量的丛书和地方文献。

此外,如藏文明刻本《七佛如来本愿经》;清乾隆、嘉庆时期德格版《大藏经》;蒙文有《成吉思汗传》、《元朝秘史》,满文有《清会典》、《蒙古源流》等。

北京图书馆所藏兄弟民族文字图书也很多。现藏有蒙、藏、满、维吾尔、哈萨克、朝等 24 个兄弟民族文字的图书近六万册。

北京图书馆作为我国的国家书库,也从不同角度反映了世界各国文化、经济、科学技术的发展状况,可为研究世界各国政治、经济、科学技术、文化、历史等提供丰富的珍贵资料。

北京图书馆的采访范围以传统书、刊、报为主。采访工作本着"勤俭办一切事业"的精神和国内出版物求全、国外出版物求精的原则,积极主动地采集各种书刊资料。为了做好采访工作,北京图书馆设立了图书采访委员会,由有关领导干部、熟悉图书和出版情况的研究员、主持和从事采访工作的工作人员组成,讨论或决定采访工作中的重要问题。日常的采访工作,实行"个人挑选、集体讨论、领导审批"的三结合选书方法,并经常地征求读者的意见,以便不断提高入藏图书的质量。

参考咨询工作是北京图书馆读者工作的重要组成部分。哲学、社会科学参考组与科技参考组分别负责社会科学和自然科学方面的参考咨询工作。哲学、社会科学参考组的任务是:充分利用馆藏书刊资料和各种参考工具书,解答读者提出的图书资料方面的咨询,并通过编制书目索引,积极主动配合国内外形势,开展读者服务工作。具体工作分解答咨询和编制书目两部分。解答咨询包括资料咨询(就某一专题资料提出的咨询)、问题咨询(就某一单项问题提出的咨询)、书目咨询(就某一专题、作家、作品所提出的咨询)、形象资料咨询(就某些人物的照片或其他图片、图样提出的咨询)。多年来,哲学、社会科学参考组为重点单位、重点读者和某些重点项目解决了大量的咨询问题,在配合政治、外交、国家建设、文艺创作等方面的工作作出了不少贡献。该组还配合各方面的需要,编制了不少专题书目,为读者提供了较为系统、完整的资料。

北京图书馆的科技参考咨询工作的主要内容是:接受读者口头咨询,帮助读者解决科技文献方面的问题;开展科技文献的阅览工作,辅导读者查阅科技文献;编制科技专题目录或科技文献目录,向读者宣传、介绍、报导、推荐新入藏的检索刊物和重要参考工具书。

北京图书馆是我国唯一的国家图书馆。它在全国图书馆事业发展中的地位与作用是:

1. 图书馆资源和互借的中心。任何图书馆,都要根据自己所承担的任务搜集整理书刊资料,包括非印刷型的磁带、视听资料、缩微复制品等。这些图书馆资源是开展服务工作的基础,也是资源共享的前提。科学技术的发展,要求国家图书馆成为本国图书馆资源的中心。只有这样,才能满足不断增长着的科学家队伍和广大人民群众的需要。为了实现这个目标,国家图书馆应首先对本国的正式出版物要系统、全面地收藏。建国后,我国和许多国家一样,也制定并颁布了缴送本制度,规定全国各出版社出版的图书,都必须给北京图书馆缴送三册。这是使国家图书馆能够完整入藏本国出版物,使其成为国家总书库的有力措施。对缺藏的解放前的出版物,应采取复制等办法,有计划、有步骤地予以补充,使中文图书的收藏比较齐全。另外,还应选准、选好外国出版物。国外出版物入藏的质量,对国家图书馆的服务能力有很大影响。怎样保质保量地采选外国出版物,是应该引起高度重视的。国外一些图书馆在外文采访工作中,利用调查研究和分析对比的方法选择本学科核心书刊的做法是值得借鉴的。作为国家图书馆,要尽可能地做到在其他图书馆无法找到的书刊资料,能在国家图书馆找到,或通过国家图书馆采取可行的方式找到。国家图书馆应当成为馆际互借的中心和国内查找书刊资料的基地。

2. 国家书目中心。为了实现资源共享的目标,国家图书馆应编制国家书目、回溯性目录和联合目录,发行统一编目卡片,在中文统一编目的基础上,形成卡片目录中心,发挥国家图书馆国家书目中心的作用。

3. 图书馆现代化、网络化的枢纽。现代化图书馆的主要特点是技术上的现代化和组织上的网络化。作为国家图书馆,应是图书馆现代化、网络化的枢纽。所谓图书馆的现代化,主要是应用电子计算机技术,使管理工作自动化;应用光学记录技术,使资料存贮缩微化和复制自动化;应用现代通讯技术,使情报传递网络化。在图书馆现代技术的研究、试验、应用和推广方面,国家图书馆不仅自己应先行一步,而且对全国图书馆现代化建设也应起组织、推动和示范的作用。

4.图书馆学研究的基地。图书馆事业的发展迫切需要加强图书馆学研究。目前,我国还没有图书馆学研究的专门机构,作为国家图书馆,应为图书馆学研究广泛搜集、编译和提供国内外的情报资料。同时,还要出版刊物,组织学术讨论,提供出版条件,推动全国图书馆学研究的发展。

5.国际交流的中心。国家图书馆有责任代表本国图书馆界和广大读者的利益,参加国际图书馆组织及有关的外事交流活动。通过书刊的国际交换、国际互借,以及相互访问、交流馆员和学者,加强与各国图书馆界的交往,增进与各国人民和图书馆工作者之间的相互了解和友谊。

# 第三节 公共图书馆

## 一、概况

公共图书馆是面向社会和公众开放的图书馆。它是图书馆的重要类型之一。

在我国,公共图书馆一般都是按照行政区域分别设置的。上至国家图书馆——北京图书馆,下至城市街道和农村社队的最基层的图书馆,都属于公共性质的图书馆。其中,国家图书馆,省、市、自治区图书馆,地(市)图书馆,县(区)图书馆,都是国家举办的综合性的公共图书馆;县(区)以下的各级图书馆(室),一般都是由城市居民或农民集体所办,或者是"民办公助"的。

我国公共图书馆,分布均匀,布局合理,服务面最广,是我国图书馆事业的三大支柱之一。在一般情况下,它们总是各地区的藏书、目录和图书馆间业务交流的中心,在促进我国经济、科学、文化、教育事业的发展,提高全民族科学文化水平方面,起着重要的作用。

　　建国三十五年来,我国公共图书馆虽然经历了曲折的道路,但仍然得到了很大的发展。截止 1984 年底,县以上公共图书馆已有 2080 所,与 1949 年相比,大约增长了 37.8 倍。我国公共图书馆的发展情况可参见下表。

### 我国公共图书馆数量统计表
#### (1949—1987 年)

| 年份 | 馆数 | 年份 | 馆数 | 年份 | 馆数 |
|------|------|------|------|------|------|
| 1949 | 55   | 1962 | 541  | 1975 | 629  |
| 1950 | 63   | 1963 | 490  | 1976 | 768  |
| 1951 | 66   | 1964 | 540  | 1977 | 851  |
| 1952 | 83   | 1965 | 573  | 1978 | 1256 |
| 1953 | 93   | 1966 | 477  | 1979 | 1651 |
| 1954 | 93   | 1967 | 399  | 1980 | 1732 |
| 1955 | 96   | 1968 | 375  | 1981 | 1786 |
| 1956 | 375  | 1969 | 335  | 1982 | 1889 |
| 1957 | 400  | 1970 | 323  | 1983 | 2038 |
| 1958 | 922  | 1971 | 354  | 1984 | 2080 |
| 1959 | 1011 | 1972 | 414  |      |      |
| 1960 | 1093 | 1973 | 469  |      |      |
| 1961 | 873  | 1974 | 527  |      |      |

## 二、省、市、自治区图书馆

　　省、市、自治区图书馆,是我国公共图书馆的骨干,各馆藏书大都在百万册以上。它是由省、市、自治区人民政府文化行政部门主管的、综合性的、向社会开放的图书馆,是所在省、市、自治区的藏书、目录、馆际互借、图书馆学研究和业务辅导的中心。它应同时担负为科学研究和广大群众服务的任务,但以科学研究服务为重点。它代表着一个地区图书馆事业的发展水平,同其它图书馆相比较,它的规模最大,藏书最多,干部与设备条件以及各项工作都应具有先进水平,应成为本地区图书馆界的表率。

省、市、自治区图书馆在本地区图书馆事业中的重要作用,主要表现在以下四个方面:

1.它是为科学研究服务的重要基地。这不仅是因为它有着丰富的综合藏书系统,而且多年来积累了一整套为科学研究服务的实践经验,还培养了一批训练有素的为科研服务的专业队伍。

2.它应该是提高全民族科学文化水平的社会教育中心。省级公共图书馆在搞好为科学研究服务的同时,决不可忽视普及科学文化知识的工作;应该扩大服务对象,改善服务条件,增设服务网点,提高服务质量,以充分发挥其提高全民族科学文化水平的职能作用。

3.它是地区性图书馆网的组织者。建立地区性图书馆网的有效形式是恢复或成立各省、市、自治区中心图书馆委员会。省、市、自治区图书馆都是该地区的中心馆,并担负着地区中心图书馆委员会的日常工作,负责组织各系统图书馆之间的协作和协调工作,成为地区性图书馆网的组织者。

4.它是图书馆业务辅导和图书馆学研究的推动者。省、市、自治区图书馆对市、区、县图书馆乃至基层图书馆(室)都负有业务辅导的责任。它应开展在职馆员的业务培训工作,促进馆员业务水平的提高;它还应该为图书馆学的研究广泛搜集和提供国内外的情报资料,组织学术讨论,出版专业刊物,推动本地区图书馆学研究的发展。

### 三、省级以下的公共图书馆

省级以下的公共图书馆,主要是指省辖市、地、州、盟图书馆和县、区图书馆。省辖市、地、州、盟图书馆,在公共图书馆系统中的地位和作用,介乎省级馆和县(区)图书馆之间,起着承上启下的作用,是省级馆联系县(区)馆的纽带。尽管它们的藏书都是综合性的;但收藏范围和重点往往又体现了所在地区的政治、经济、文化、科学、教育的特点。它们一般都担负着为科学研究、技术革新和普及科学文化知识、为广大群众服务的任务。其中,远离省图书馆并有着较好的县(区)图书馆为基础的那些市、地、州、盟图书馆,则以科学研究服务为重点。市、地、州、盟图书馆,同样是其所在地区的藏书、目录、馆际互借和业务辅导的中心,承担着协调本地区其它类型图书馆活动的任务。

县、区图书馆,是我国公共图书馆的基础,数量较多,联系群众面广,在普及科学文化知识、丰富群众文化生活、满足群众阅读需求等方面,发挥着十分重要的作用。

由于我国经济和文化发展的不平衡状态较为突出,所以各县馆的藏书规模和物质条件往往相差悬殊。截止1984年底,全国共有县馆1708所,大约还有29%的县尚未建立县馆。在原有和新建的县馆中,其藏书从几万册到几十万册不等。有些图书馆原来相当于省、市级图书馆,后因行政区划的变动,变为县级图书馆,这些馆的条件就比较好;有些县馆则是刚刚脱胎于县文化馆图书室,其藏书规模、设备条件及服务工作的深度和广度都是较差的。县图书馆联系着广大城镇和农村,担负着为本县工农业生产、为广大城镇居民和少年儿童服务的任务,对开展农村图书活动也负有重要和直接的责任。因此,办好并发展县图书馆,对于发展农业生产,提高广大农(牧)民的科学文化水平具有特别重大的意义。今后在公共图书馆事业的发展中,县馆的建设仍应作为一个需要经常注意的重点,有计划、有步骤地实现国家规划的"县县有馆"的目标。

大、中城市中的区图书馆的主要任务是为城市人民群众服务。其主要服务对象是城市中的各阶层居民,其中以干部、职工和学生为主。目前,在全国各大、中城市中的区级行政单位,建有区图书馆的还不到10%,这是我国公共图书馆事业中最薄弱的一环。在今后的区馆建设中,还应考虑同所在市的市图书馆在具体任务、读者对象、藏书范围、服务重点等方面有所分工,使市、区图书馆共同组成一个完整的藏书体系和服务网络,而不应各自为政、竞相建设"小而全"的藏书体系。

## 第四节　科学、专业图书馆

### 一、概况

科学、专业图书馆属于专门性图书馆。这种专门图书馆,是依靠一些专门人才及其所掌握的专业知识,用科学的方法搜集、整理、保存、提供情报资料的机构。

在我国,科学、专业图书馆种类多、数量大、藏书专深,是直接为科学研究和生产技术服务的图书馆。它是按专业和系统组织起来的,在一个专业或系统内,初步形成了一个上下沟通,联系紧密的图书馆体系。

科学、专业图书馆的类型很多,有综合性的,也有专科性的。在我国科学、专业图书馆主要包括中国科学院系统图书馆,中国社会科学院系统图书馆,中国农业科学院系统图书馆,中国医学科学院系统图书馆,中国地质科学院系统图书馆,中医研究院系统图书馆,政府部门所属研究院(所)图书馆,大型厂矿企业的技术图书馆,以及其它专业性图书馆。

在科学、专业图书馆中,历史较久、规模较大的中国科学院图书馆、中国农业科学院图书馆、中国医学科学院图书馆、中国地质科学院图书馆、中医研究院图书馆等,都是该系统的中心图书馆,在外文书刊的采购、图书调拨、编制联合目录、干部培训及馆际协作等方面,起着组织和推动的作用。

## 二、科学、专业图书馆的性质与任务

国外有些科学图书馆是公共性质的专业图书馆,其主要任务是为科学研究服务,广泛开展科学情报活动,收集和提供最新情报资料。在我国,科学、专业图书馆都不是公共性质的,它隶属于各类科学研究机构。

科学、专业图书馆是交流科学情报的机构,是我国图书馆体系的一个重要组成部分。它在为科学研究服务方面,起着"耳目"、"尖兵"和"参谋"的作用。它所担负的主要任务是:

1. 紧密结合本系统、本单位的科研方向与任务,搜集、整理、保管和提供国内外科技文献,为科学研究和生产技术服务;

2. 积极开展情报的调研和分析,摸清各研究课题的国内外发展水平和趋势以及有关的指标、参数,不断向科研人员和领导部门提供分析报告和有科学价值的情报资料;

3. 组织本系统科技情报交流,协调本系统图书情报刊物的编译出版,宣传报道国内外的最新科学理论和技术;

4. 加强图书情报工作协作的组织工作和业务辅导,做好本系统的图书情报资料调剂、工作经验交流和干部培训等工作;

5. 开展图书情报理论、方法和现代化手段的研究。

## 三、科学、专业图书馆的特点

科学、专业图书馆在规模上有大中小的不同,在藏书范围上有综合性和专科性的区别。但是从类型上考察,它们具有一些共同的特点。

图书情报一体化是科学、专业图书馆的特点之一。图书与情报本来都共存于图书馆之中,二者存在着密切的内在联系。图书馆是收藏、管理和传播书刊文献资料的知识宝库,科技情报单位是提取、研究和加工书刊文献资料所含情报的服务中心。二者都是以书刊文献资料为工作对象,都是采用着从搜集到利用的技术方法,都服务于同一的对象——读者或用户,都是为了达到继承人类知识成果这个共同的目的。尽管目前的图书馆工作与科技情报工作在为科学研究服务的广度、深度、方式和手段等方面还存在着某些差异,但是它们在工作内容和工作方法上具有相似的程序,即重视科技书刊文献的搜集、加工、分析、报道、检索和提供。

服务是一切图书馆的共性,而服务方式多样化则是科学、专业图书馆的特点。科学、专业图书馆的服务方式早已突破单一的借阅形式,增加了情报服务项目,开展文献资料定题跟踪报道,受理大宗的专题回溯检索,编制各种推荐性和参考性的书目索引等等。

科学、专业图书馆的藏书大都反映出学科专业性。学科的基本理论著作,特别是最新科学著作是收藏的重点。所藏国外文献占有较大的比重,其中又以国外期刊为重点。凡与本单位科研方向与任务有关的书刊文献资料均力求搜集齐全,本门科学的相关学科的书刊文献也根据需要予以搜集。对于能够成为情报源的文献资料很重视,入藏量也较大。由于这部分文献资料老化周期短,因而馆藏新陈代谢较快。

科学、专业图书馆的服务对象,主要是本系统、本单位的科研和工程技术人员。根据科研工作的规律,图书情报工作必须走在科研工作的前面,要求广、快、精、准地提供图书情报资料,发挥科研工作的耳目、尖兵和参谋的作用。为此,要求图书情报人员加强情报分析研究,掌握国内外的专业研究水平和动向,以及科研人员的实际需要,紧密配合科研任务,采取多种方式,提供有效的服务。此外,科学、专业图书馆的读者具有比较专深的专业知识和一定的外语水平,他们的研究课题专业性强,对书刊文献资料的要求较全面系统,外文书刊所占的比重大,这就要求图书馆工作人员必须具有较高的专业知识、外语水平和文献知识水平。

# 第五节　高等学校图书馆

## 一、概况

高等学校图书馆是学校的图书资料情报中心。图书资料情报工作是高等学校教学、科研工作的基本条件之一,加强图书馆、资料室的建设,搞好图书资料的搜集、整理、保管和借阅,是高等学校一项重要的工作。现在,国外把现代化的图书馆视为现代化大学的三大标志之一。由此可见高等学校图书馆在高等学校中所处的重要地位。

高等学校图书馆是我国图书馆事业中的又一个重要类型。它虽属于学校图书馆的范畴,但又不同于一般的学校图书馆。在国外,通常把中学图书馆划归学校图书馆(School Librarg);而高等学校图书馆则属于科学或研究图书馆(Research Library)。两者在规模、性能和藏书量方面,以及服务范围和方式上都有很大的不同。

根据藏书范围划分,高等学校图书馆大体上可分成两类:即综合性的和专业性的。综合性大学图书馆和师范院校图书馆属于综合性的图书馆;多科性理工科院校图书馆和单科性院校图书馆基本上是专业性的图书馆,只是在专业的范围上有所区别。

在我国的高等学校图书馆中,历史悠久、藏书丰富的北京大学、清华大学、中国人民大学、复旦大学、上海交通大学、中山大学、北京师范大学、西安交通大学、南京大学、四川大学、兰州大学等大学图书馆,都是全国或地区中心图书馆的成员馆,并在其中担负着重要的任务。

高等学校图书馆,在建国初期全国只有 132 所,藏书总计 794 万多册。随着我国高等教育的发展,高等学校图书馆也有了较大的发展,截止 1983 年底,全国共有高等学校图书馆 745 所,总藏书量达 23400 多万册。

## 二、高等学校图书馆的性质、地位和作用

高等学校图书馆是为教学和科学研究服务的学术性机构。为教学和科学研究服务,是高等学校图书馆基本的特征,也是高等学校图书馆存在的价值所在,是它的全部工作的出发点和归宿,并贯穿于它的全部工作的各环节之中。

高等学校图书馆的服务是一种专业性、学术性很强的服务。从服务内容、服务手段到服务方法,无不反映它的学术性质。高等学校图书馆的学术性同样贯穿于它的全部工作各个环节之中。随着高等教育事业和科学技术的发展,必然要求高等学校图书馆迅速提高各项工作的学术水平。

由此可见,高等学校图书馆既不是一个独立的教学机构或学术研究机构,也不是一个行政机构或单纯事务性的服务机构;既不是一个以收藏为主的藏书楼,也不只是一个以普及为主的文化馆,而是为教学和科学研究服务的学术性机构。这种提法,比较全面、准确地概括了高等学校图书馆的性质。

还应当明确的是,高等学校图书馆的服务性和学术性是互相渗透,互相统一,紧密联系,不可分割的;二者不是互相平行,更不是互相对立的。明确高等学校图书馆的学术性,不是削弱它的服务性,恰恰相反,是要使服务工作达到一个新的水平。为教学和科学研究服务的学术性机构这句话,是一个统一的整体,反映了二者的紧密结合,而不能割裂它。

关于高等学校图书馆的地位和作用问题,这是关系到整个高等学校图书馆事业发展的一个基本问题。为了使高等学校图书馆工作更好地适应教学、科学研究的需要,首先必须充分认识图书馆在整个高等教育事业中的地位和作用。必须明确,一个高等学校

要出高质量的建设人才和高水平的科研成果,必须有高质量的图书资料情报工作的保证。现代高等教育要求图书馆从被动的低水平的服务发展为主动的高水平的服务,要求图书馆在原有基础上大力加强和发挥教育职能和传递情报职能,这是传统图书馆向现代化图书馆过渡的一个重要标志。图书馆工作绝不是与教学、科研无直接关系、无关大局的工作,而是教学、科研的有机组成部分,是办好高等学校的基本条件之一。

我国高等学校的任务是要贯彻党的教育方针,为国家培养又红又专、全面发展的社会主义建设人才。人才的成长,学校对学生进行德智体诸方面的教育,都必然要充分利用人类积累的知识财富。高等学校图书馆就是根据教学和科研的需要,搜集、整理和提供各种书刊情报资料,来为广大师生服务的。它是学校的图书资料情报中心,是知识的宝库。因此,图书馆也很自然地是广大师生进行学习和学术研究活动和学校施教的重要场所。社会主义国家的高等学校图书馆,是宣传马列主义、毛泽东思想、建设社会主义精神文明的阵地,在教育学生坚持四项基本原则,培养共产主义思想品德方面,有着不可低估的作用。在专业教育方面,图书馆又是教师备课的后盾和学生学习的第二课堂。教师只有全面掌握了有关专业的广泛资料和最新进展,才能使讲课和教材具有较高的质量,而这就必须依赖于图书馆的帮助;学生所学课程内容的巩固和扩展,以及科学文化素养与独立研究能力的提高也有赖于利用书刊资料。总之,在高等学校培养人才的过程中,图书馆具有多方面的职能作用。这中间包括对学生进行思想品德教育的职能;直接配合教学进行专业教育的职能;扩大学生的知识面,进行综合教育的职能;对读者利用文献提供方法指导,进行书目教育的职能。

高等学校,特别是作为教学中心和科研中心的重点院校,承担着大量的科学研究任务。马克思说过,科学工作,发现、发明"部分地以今人的协作为条件,部分地以对前人劳动的利用为条件"。

实现这两个条件的重要途径就是通过书刊资料来传递知识情报。现代图书馆正具有这种传递和交流情报的职能,情报工作是科研工作必不可少的前期劳动。现代科学迅速发展,情报资料急剧增加,从事科研工作的人员,光靠个人搜集和研究资料已经很困难了,必须要有图书情报人员的配合。我国的高等学校里的情报工作开展得比较差,很多学校没有全面开展起来,这对科学研究是很不利的。我们的教学、科研人员往往要花很多时间查阅资料,并且由于资料不全,情报不灵,不少研究项目是重复他人的劳动。因此,做好图书情报工作,充分发挥图书馆的情报职能,就能够减少科研人员查阅资料的时间,避免一些重复劳动,实际上就是增加了第一线科研人员的力量。

通过以上分析,我们可以清楚地看出,高等学校图书馆工作是高等学校教学和科学研究工作的重要组成部分,高等学校图书馆工作的水平是学校教学科研水平的一个重要标志。

### 三、高等学校图书馆的任务和特点

根据高等学校图书馆的性质、地位和作用,高等学校图书馆所担负的任务必须服从于高等学校的基本任务。高等学校的基本任务是贯彻执行党所规定的教育方针,为社会主义建设培养又红又专、德智体全面发展的各种专门人才。为了适应从传统图书馆向现代化图书馆过渡的新形势,要求图书馆工作在原有基础上提高服务水平、管理水平、协作水平和学术水平,这就要求明确地规定图书馆的具体任务。高等学校图书馆所担负的具体任务是:

1. 根据学校的性质和任务,采集各种类型的书刊资料,用科学的方法进行分类编目和管理。

2. 配合学校思想政治教育工作,宣传马列主义、毛泽东思想及党和政府的政策法令。

3. 根据教学、科学研究和课外阅读的需要,开展流通阅览和读者辅导工作。

4. 开展参考咨询和情报服务工作。

5. 开展查阅文献方法的教育和辅导工作。

6. 统筹、协调全校的图书资料情报工作。

7. 开展馆际协作活动。

8. 培养图书馆专业干部。

9. 进行图书馆学、目录学和情报学理论、技术方法及现代化手段应用的研究。

高等学校有综合性大学、多科性理工科大学和专科性大学的不同,因而不同类型高校的图书馆在读者服务工作上和其它方面当然有所差异,但它们也具有一些共同的特点。

高等学校图书馆服务的对象,主要是教师和学生。他们对教学用书需要的特点是由教学工作的特点所决定的。高等学校教学的主要任务是向学生系统地传授专业知识,教学内容具有相对的稳定性。教学内容的稳定性,不仅表现在课程内容体系的相对稳定上,而且还表现在高等学校专业设置和教学计划的相对稳定上。这就决定了读者需要的稳定性。

读者需要的稳定性,主要表现在师生对教学用书,特别是教学主要参考书的大量的经常的需要。读者对教学参考书的品种和数量的需要是经常的、比较稳定的,每年虽然有一些变化,但基本上相同。教学用书的供应是高等学校图书馆读者服务工作的主要内容。

教学工作的另一个特点,在于它是按教学计划、教学大纲进行的,有统一的进度,这就造成了读者用书的集中性。高等学校图书馆读者用书的集中性主要表现在两个方面:一是用书的品种的需要集中于正在进行教学的有关课程的主要参考书刊上;另一个是读者对教学参考书的用书时间也是集中的。用书的集中性,就必然会造成高校图书馆紧张的供求关系。供求关系紧张并不完全是由于藏书保障率过低,应具体情况,具体分析,针对原因寻找出缓和供求矛盾的办法。

教学工作是分阶段的,开学、上课、考试、放假,一个阶段接着一个阶段有节奏地进行,每一学期都要重复一次。表现在读者对书刊资料的需要方面,也有很明显的阶段性。在各个不同的阶段,读者对所需图书资料的种类、范围和深浅程度都有显著的差别。

高校图书馆读者需要的阶段性,给读者服务工作带来一定的影响。随着各个阶段读者需要的变化,读者服务工作的重点及其工作量在不同的阶段也相应地有所变化。

为了满足教学和科学研究的需要,高等学校图书馆的藏书不仅要有一定的数量,而且必须保证质量。数量与质量两者比较起来,质量应放在首要的地位。高等学校图书馆保证藏书质量的关键,在于抓好藏书补充工作,建立一个好的专业的藏书体系。藏书的补充应以学校专业设置、专业教学计划、教学大纲、科学研究计划、师资培养计划为依据,坚持以专业书刊为主,适当照顾全面的原则。具体地说,就是对于专业书刊全面系统地收藏,与专业有关的书刊重点收藏,一般书刊适当收藏,逐步建立起专业的藏书体系,使藏书具有特色。

有了一定规模的藏书,还必须加以科学的整理和组织管理。高等学校图书馆藏书组织的共同点是要考虑学校的性质与专业设置的特点。综合性院校,基本书库往往划分为文科专藏与理科专藏。专科性院校,有些馆把专业书组成为基本书库,成为基藏。阅览室的设置会直接影响到书库组织,高等学校图书馆的阅览室或研究室,一般都配有辅助藏书。

在高等学校中,还有一个共性的问题,就是图书馆与系(所)资料室的关系问题。我们认为,图书馆是学校的图书资料情报中心,服务对象是全校师生及工作人员。在藏书内容上,除了主要应该搜集为师生服务的专业书刊外,还应该适当地补充一般工作人员所需要的普通书刊。规模大、系科多或校园分散的学校,根据需要与可能,可设立专业分馆或学生分馆。分馆是总馆的分支机构,受总馆直接领导。规模大、系科多的学校,根据需要与可能,也可设立系(所)资料室。系(所)资料室是全校图书资料情报系统的组成部分,实行系(所)和校图书馆双重领导。它的服务对象主要是教师、研究生和毕业班学生。它的职责是负责本专业书刊的保管和借阅,并着重进行专业资料的收集、整理和研究,开展情报服务。校图书馆与系(所)资料室在为本校教学与科学研究服务的总任务指导下,互相配合,各司其职,各负其责。

## 第六节　其他类型图书馆

### 一、工会图书馆

工会图书馆是工会组织举办的群众文化事业。它是向职工进行思想教育的重要阵地,也是职工学习政治、学习科学文化知识的场所。它对于提高广大职工的思想、科学文化水平起着重要的作用。

工会图书馆的种类较多,有中华全国总工会图书馆,有省、市、自治区总工会图书馆,有市、县(区)工会图书馆,有专门的产业工会图书馆,还有基层工会图书馆(室)等。

根据工会九大提出的工会工作的具体任务,在新的历史时期内,各级工会图书馆的工作重点是:面向基层,面向广大职工群众,为实现新时期的总任务、为提高广大职工的科学文化水平服务。它所担负的主要任务是:

1.宣传马克思、恩格斯、列宁、斯大林和毛泽东著作,帮助职工提高马列主义、毛泽东思想的理论水平和政治思想觉悟。

2.利用图书报刊,开展流通阅览和宣传辅导工作,提高广大职工的科学文化水平。

3.为职工的技术革新和创造发明提供所需要的书刊资料。

4.满足职工家属(包括少年儿童)学习文化和阅读文艺书籍的需要。

为了完成上述任务,各级工会图书馆应根据客观条件不断充实馆藏。既要补充一般通俗读物,也要注意入藏适合较高文化水平阅读的政治理论、科技和文艺著作。各级工会图书馆要建立方便读者利用藏书的规章制度,不断提高管理水平。

## 二、技术图书馆

技术图书馆主要是指工厂、矿山、公司及其它企业单位所属的技术资料图书馆。这种图书馆与工会图书馆不同,是直接面向经济建设,开展技术交流与文献资料档案工作的机构。技术图书馆一般归厂、矿技术部门领导。

技术图书馆的服务对象主要是本厂(矿山、公司)的科技人员。它的藏书内容比较专深,外文书刊占有一定的比例,凡与本厂有关的国内外技术标准、产品样本等,都有选择地予以入藏。许多工厂技术图书馆的服务工作,都是与技术档案工作、科技情报工作结合进行的,在开展一般性的文献查目、文献阅览、文献复制的同时,还着重于技术咨询服务,提供最新的技术情报资料。

## 三、少年儿童图书馆

少年儿童图书馆是党向广大少年儿童进行思想教育和科学文化教育的重要阵地。它担负着培养革命接班人的职责。无产阶级的革命导师深切地关怀少年儿童的教育事业,也非常关心利用图书馆对少年儿童进行教育。一百多年前,恩格斯在对英国工人运动进行调查时,曾愤慨地揭露了资本主义制度对儿童的残酷掠夺和贫乏的教育状况,强调无产阶级渴望对自己的子女进行革命的教育。恩格斯热情地赞扬工人自己创办了许多阅览室:"在这里孩子们受到纯粹无产阶级的教育,摆脱了资产阶级的一切影响,阅览室里也只有或几乎只有无产阶级的书刊。"列宁也十分重视这一工作。在无产阶级革命胜利前和苏维埃政权年代里,他曾三令五申,强调图书馆必须为少年儿童服务。十月革命前,列宁利用纽约公共图书馆为儿童服务的实践,对无产阶级应该怎样利用图书馆来培养教育革命的后代是大有启发的。十月革命胜利以后,列宁在阐述组织统一的图书馆网时,也时刻关心着少年儿童。1920年,列宁对克鲁普斯卡娅起草的关于集中管理图书馆事业的法令草案作了修改补充,在草案中提出的"……在大的图书馆开设儿童分馆,至少要设儿童部,儿童书籍的特别流动书库可以供学校、托儿所等机关利用"这些字句旁边,列宁特别加注:"应当开设,应当。"列宁认为"有多少儿童来阅读图书和利用图书馆",才是"值得公共图书馆骄傲和引以为荣的"标志之一。所以列宁曾多次要求图书馆在总结汇报中,报告对待儿童工作的情况。

革命导师如此重视为少年儿童创办图书馆事业,正是因为儿童阅读图书,自幼学会利用图书馆,往往会对人生的发展道路产生深远的影响。这不仅直接影响到少年儿童的教育,还会影响到社会的道德风尚和整个民族的情操和科学文化的发展。可见,儿童图书馆事业是无产阶级文化教育事业的重要组成部分。

新中国成立以后,党和政府也非常重视少年儿童图书馆的建设。北京、上海、天津、武汉、重庆、沈阳、大连、杭州、兰州、长沙等大城市都创办了专门的少年儿童图书馆。许多省、市、县图书馆都附设有儿童阅览室。但是,我国现有的儿童图书馆和儿童阅览室及其它服务设施,与我国三亿少年儿童的阅读需要相比,显然是很不适应的;与少年儿童图书馆事业发达的国家相比,确实存在着较大的差距。例如,苏联在七十年代中期,仅公共图书馆系统中就有儿童图书馆7000多所;法国的巴黎市内就设有儿童图书馆34所;美国有些图书馆学院专门设立了儿童图书馆专业;澳大利亚也有图书馆学院侧重培养学校图书馆和儿童图书馆所需要的馆员。有些国家供给少年儿童阅读的图书,不仅色彩鲜艳,装潢美观,而且有视听资料,给予儿童读者形、声、色等直观的感觉。可见,在儿童图书馆的数量与规模、儿童读物的供应、儿童图书馆所需专门人才的培养等方面,我们同一些国家的差距是明显的。

为了切实加强和改进少年儿童图书馆工作,我们应采取的对策和措施主要是:

1.加速少年儿童图书馆的建设。各级文化主管部门要会同计划、财政等有关部门,根据中央书记处通过的《图书馆工作汇报提纲》的要求和中央关于切实加强对少年儿童抚育、培养和教育的指示精神,尽快做出规划,因时因地制宜,在中等以上的城市和大城市的区逐步建立专门的少年儿童图书馆。今后凡新建的公共图书馆,都应当考虑少年儿童阅读设施的安排。对现有的少年儿童图书馆要加强领导,在人员、经费、馆舍、设备等方面予以重点扶植,使其臻于完善,以期在全国少年儿童图书馆中,起骨干和示范作用。

2.各级公共图书馆,特别是省、市以下的图书馆和县文化馆图书室,要积极创造条件,向少年儿童开放。能设儿童分馆的,就设儿童分馆;能开辟阅览室的,就开辟阅览室;能办理外借的就办理外借。

3.办好中小学校图书馆(室),是解决中、小学生课外阅读的重要措施。教育部门和学校要加强领导,从当地情况出发做出规划,进行中小学校图书馆(室)的恢复和建设。

4.图书活动是少年宫、少年之家活动的必要组成部分,各级少年宫(家)应当重视这项工作。凡有少年宫(之家)的地方,都要设立图书馆(室),要使图书阅读和辅导活动更好地同其它教育活动相配合。工矿企业的工会图书馆也要尽可能地为本企业职工子女服务。

5. 城市街道民办图书馆,要把少年儿童作为主要服务对象。这些图书馆,只要不是出于盈利目的,出借图书可以收取少量租金,用以补充图书和补助管理费用等,这有利于民办图书馆(室)的巩固和发展。

6. 我国百分之八十以上的少年儿童在农村,县图书馆和文化馆(站、室)以及基层文化中心,要积极帮助乡村和学校开展图书借阅活动。

7. 城镇集体或个人开办的租书摊(店),对解决青少年和儿童的图书阅读问题,在目前和今后一个相当时期内,有一定补充作用。各级文化主管部门要会同工商行政管理部门,加强对各种租书摊(店)的管理。租借图书应限于国家的正式出版物,严禁非法出版物和内容不健康的书刊的流通。

8. 少年儿童图书馆工作人员,既是图书馆工作者,也是少年儿童教育工作者。要教育他们忠诚党的教育事业,树立全心全意为下一代服务的思想,同时要帮助他们提高文化知识和业务水平。应在有条件的师范院校的图书馆学系设置儿童图书馆专业,有计划地培养一些专门人才。

### 四、军事图书馆

我国军事图书馆大致可分为三类:①军事科学图书馆;②军事院校图书馆;③连队图书馆(室)。这些图书馆的性质、任务、服务对象和藏书特点都有所不同。

军事科学图书馆系指军事科学研究机关、各军种、各兵种、各军区、军、师等军事机构所设立的图书馆。它的主要任务是为军事科学研究服务。其服务对象是军事科学研究工作者和各级指挥员。军事科学图书馆收藏着马克思列宁主义著作、古今中外的军事科学图书、报刊资料,以及与国防科学有关的知识门类的书刊和工具书。藏书中有较多的内部出版物,在业务工作中应建立严格的保密制度。

军事院校图书馆,系指中国人民解放军各总部、各军种、各兵种、各军区和国防科工委所属的各级军事院校图书馆。它的主要任务是为教学和科学研究服务。其服务对象是全校学员、教员和干部。藏书以教科书和教学参考书为主,收藏范围根据各校专业性质而定。军事高等院校图书馆与普通高等院校图书馆有许多共同之处,在各系也都设有图书资料室。

连队图书馆(室),指的是团以下单位所设的俱乐部图书馆(室)。它面向连队,为战士服务,利用书刊,提高广大指战员的政治思想觉悟和科学文化水平,帮助他们掌握先进的军事理论和现代化的作战技术,丰富他们的文化生活。在服务方式上,连队图书馆(室),强调群众性,运用多种方法,把书刊送到指战员手中,配合部队的中心任务和军事训练,开展群众性的图书宣传和阅读活动。它所收藏的图书主要是通俗易懂、适合战士阅读的各种书刊。

# 第四章　图书馆事业

## 第一节　图书馆事业建设的原则

### 一、图书馆事业的一般含义

图书馆事业这个概念,大约在十九世纪末到二十世纪初已为大家所通用。但在当时,人们往往把图书馆与图书馆事业这两个概念等同起来,没有明确地指出那些孤立地行使其职能的单个图书馆从社会意义上说,还不能算是已经构成了图书馆事业。图书馆事业这一概念的诞生和发展,是与图书馆在社会结构中所处的地位及其所起的社会作用紧密相联的。图书馆是随着社会的需要而产生和发展的。它受着社会经济、政治、文化的制约,随着社会经济、政治、文化的发展而发展。在各个历史时期中,社会总是根据本身的需要,赋予图书馆某种不同的具体的任务。图书馆的全部活动,它所完成的一切任务,无不真实地反映了当时社会的需要。在任何时候,都必须把图书馆的全部活动看作是社会需要的体现,看作是完成社会给它的任务的实践过程。它的全部实践活动和社会的需要是紧紧地联系在一起的。只有当社会上各种图书馆的数量、质量、规模、发展速度和组织形式发展成为联系紧密的图书馆整体时,才能构成社会的图书馆事业。因此,图书馆事业这个概念代表的是一个体系,即社会共同使用图书的体系。

图书馆事业是社会结构中不可缺少的事业,是社会的科学、文化、教育事业的重要组成部分。它作为社会使用图书的一种组织形式,有助于继承和发展人类的知识成果。它的存在价值在于能帮助解决社会所面临的各项经济任务和文化任务。经济、文化的各项成就与图书情报在人民中间被利用的程度和图书馆事业的发展水平有着直接的关系。因此,图书馆事业的状况及其发展水平,是整个社会的经济、文化水平的标志。

## 二、图书馆事业建设的原则

图书馆事业是一种社会文化现象,图书馆事业建设不能不受社会制度、社会结构和经济发展水平的制约。在各国图书馆事业建设过程中,有共性,也有各自的特殊性。三十五年来,我国图书馆事业的建设,既有成功的经验,也有失误的教训。从正反两方面的经验中总结出来的我国图书馆事业建设原则主要有以下四点:

1. 图书馆事业建设应与国民经济和科学文化教育事业的发展水平相适应。

根据经济基础和上层建筑相互关系的原理,图书馆事业的发展是由经济发展的水平所制约的。经济的发展水平是影响图书馆事业发展水平的决定性条件。只有经济发展了,才能为图书馆事业的发展提供物质条件。另外,图书馆事业作为科学文化教育事业的一个组成部分,它又由整个科学文化教育事业的发展水平所决定。只有整个科学文化教育事业发展了,才能促进图书馆事业的进一步发展。

为了使图书馆事业与经济和科学文化教育事业的发展水平相适应,就必须根据发展的需要和客观的可能条件来安排图书馆事业的建设规划,正确处理需要与可能的关系,反对冒进和保守两种倾向。历史证明,不顾客观的冒进和保守倾向,都会给图书馆事业的发展带来不应有的损失。在 1958 年前后,由于对客观条件缺乏正确的估计,基层图书馆的发展过于迅猛,超越了经济发展的可能,因而出现了大起大落的现象。1962 年以后,经过调整,适应了经济的发展,图书馆事业又稳步前进了。"文化大革命"期间,我国的国民经济临近崩溃的边缘,图书馆事业也同样遭到极大的破坏。1976 年粉碎"四人帮"以后,随着国民经济的恢复和发展,图书馆事业也得到了恢复和新的发展。建国以来走过的道路说明图书馆事业的发展受社会的政治、经济所制约,并随着经济、文化的发展而发展。每当与经济发展相适应时,图书馆事业就发展、前进;当图书馆事业的发展超越或落后于经济发展的需要时,图书馆事业就会受到挫折。

2. 国家办馆和群众办馆相结合。

这条原则就是要发挥国家和集体两个积极性来促进图书馆事业的发展。国家办馆是国家图书馆事业的重要组成部分,在全国图书馆事业中起核心和骨干作用;但由于我国地域辽阔,人口众多,经济基础还比较薄弱,要完全依靠国家办馆来满足广大群众文化生活上的需要,在相当长的时间内还难于做到。因此,依靠集体的力量和群众的积极性,兴办小型多样、方便群众的基层图书馆(室),是发展图书馆事业,适应人民需要的重要原则和措施。

国家办馆和群众办馆相结合还要求国家举办的图书馆,特别是县以上的公共图书馆对民办图书馆给予各方面的支持,尤其是要加强业务辅导,扶持民办图书馆的发展。

3. 全面规划,统筹安排,分工协作,密切联系。

要贯彻这条原则,一是要统筹安排,合理布局,平衡发展。应妥善安排内地、边疆和兄弟民族地区以及农村、牧区图书馆事业的发展;二是一方面要大、中、小型相结合,另一方面要保证重点图书馆的建设,使重点图书馆在藏书、设备和专业干部等方面都达到先进水平,发挥它们对图书馆现代化建设的促进作用;三是要搞好协作和协调工作及业务辅导工作,以便逐步地建立一个统一的图书馆网。

4.发展图书馆学教育,加强图书馆学研究。

随着现代科学技术在图书馆工作中的应用,书刊资料数量的巨大增长和类型的发展变化及其管理方法的不断改变,对图书馆工作人员的要求,在业务知识、业务技能及管理操作能力等方面都大大地提高了。现在,全国无论哪种类型的图书馆都感到专业人才缺乏,这就说明了发展图书馆学教育的迫切性。图书馆学教育对图书馆事业的发展有着深远的影响,我们要提高图书馆的科学管理水平,就必须培养懂得管理科学的专门人才;我们着手图书馆工作现代化,也必须培养懂得图书馆现代技术的专门人才。离开了专门人才,图书馆事业的发展就难于推动。专门人才的培养要依靠图书馆学教育,可以说,发展图书馆学教育是发展我国图书馆事业的希望之所在。现在,一些发达国家的图书馆事业,正朝着高效率、优质量、低消耗、多职能的方向发展,一些传统的手工操作逐渐被机械化、自动化操作所代替,旧的管理体制和管理方法也逐渐走向计划化、规格化和计量化。这一切,都与图书馆学教育的发展息息相关。

图书馆事业建设,也需要加强图书馆学研究。应注意发挥理论研究对图书馆事业建设和图书馆实际工作的指导作用,不断总结我们自己的实践经验,不断提高我国图书馆工作的水平和服务质量,这是开展图书馆学研究工作的出发点。当代图书馆工作的特点是:一方面,图书馆工作与科学情报工作、文献工作的相互渗透、相互交叉的趋势十分明显;另一方面,图书馆工作与自然科学,特别是与应用技术的关系日益密切。现代科学技术的高度发展,促使图书馆事业建设的规模向着网络化的方向发展,并推动图书馆采用一系列新的工作方式和服务手段。因此,当前急需加强图书馆现代化问题的研究,以适应现代科学技术发展的需要,并推动图书馆自身的现代化。同时,还要加强图书馆学基础理论的研究。

这些于我们坚持正确的方向道路,繁荣我国图书馆事业,都有很重要的意义。

## 第二节　我国图书馆事业建设的成就

### 一、我国图书馆事业发展概述

1949 年中华人民共和国的成立,标志着我国社会主义图书馆事业建设的开始。三十多年来我国图书馆事业的发展大体上经历了以下四个阶段:

1. 从 1949 年到 1957 年为第一个阶段。这是我国图书馆事业健康发展、稳步前进的阶段。新中国成立后,党和政府就着手对旧中国遗留下来的图书馆进行整顿和改造,把国民党统治时期地主、资产阶级控制的图书馆变为广大人民所有,把私立图书馆纳入国家计划的轨道;清理了反动、淫秽、荒诞的书刊;大量出版了马列主义经典著作和革命书刊,改变了图书馆的藏书成分;改革了不合理的规章制度,调整了图书馆干部队伍,加强了党对图书馆事业的领导,使全国图书馆事业走上了社会主义的道路。在短短几年内,科学、文化、教育、工会系统的图书馆都有较大的发展,图书馆数量和类型都迅速超过了国民党统治时期。其中,发展最快的是工会图书馆。建国初,工会图书馆只有 44 所,到 1957 年底发展到35000 所。

1956 年,党中央发出了"向科学进军"的伟大号召,中央文化部于同年 7 月召开了全国图书馆工作会议,明确地规定图书馆承担着为科学研究和人民大众服务的双重任务;同年 12 月,高等教育部也召开了全国高等学校图书馆工作会议,进一步明确了高校图书馆的性质和任务。这两个会议对我国公共图书馆和高校图书馆的发展起了很大的促进作用。

2. 从 1958 年到 1965 年为第二个阶段。在这个阶段的前期，我国图书馆事业仍在原来的基础上继续向前发展。但是后来由于受到极左思潮的影响，产生了脱离实际的主观主义和浮夸作风，因而造成了我国图书馆事业在五十年代末至六十年代初的失误和挫折。其主要表现是：在图书馆事业的发展速度和规模方面，盲目地追求高速度、高指标，基层图书馆的发展数量过于迅猛，超越了经济发展的可能，因而图书馆数量的增长是不巩固的，出现了大起大落的现象；在图书馆服务对象方面，只注意普及，而忽视提高，强调了为广大群众服务，忽视了为科学研究服务；在图书馆规章制度方面，由于强调"大破大立"、"先破后立"，致使图书馆某些工作环节无章可循；在图书馆学研究方面，没有认真贯彻"百家争鸣"的方针，对所谓"资产阶级图书馆学"的批判，缺乏科学的、实事求是的态度，混淆了学术思想与政治问题的界线，这对以后的图书馆学研究产生了不良的影响。

1962 年以后，我国图书馆事业建设执行了"调整、巩固、充实、提高"的八字方针，在总结经验教训的基础上，对各项业务工作进行整顿。其中着重抓了内部工作的整顿，如藏书的整顿，目录的整顿，读者队伍的整顿，规章制度的整顿等。经过整顿，图书馆事业在新的基础上又得到了巩固和发展。

3. 从 1966 年到 1976 年为第三个阶段。在这十年浩劫中，我国图书馆事业遭到严重的破坏，把我们原来与世界先进水平已缩小了的差距又拉大了。林彪、"四人帮"推行的反革命路线对图书馆事业的破坏，涉及到图书馆领域的各个方面，概括起来主要是：图书馆的性质和社会职能受到严重歪曲，把阶级性当作图书馆基本的、甚至是唯一的属性，取消图书馆为科研、生产、教学服务的职能和传递科学情报、保存文化遗产的职能；图书馆的方针任务遭到严重曲解，把图书馆为工农兵服务与为知识分子服务对立起来，把为无产阶级政治服务与为生产、科研、教学服务对立起来,否定两者的一致性;否定"洋为中用"方针对图书馆工作的指导作用,把引进外文书刊诬为"洋奴哲学"、"爬行主义",使许多图书馆外文书刊的采购被迫中断,破坏了图书馆藏书的系统性和完整性;反对建立必要的规章制度和科学管理,使图书馆无章可循,管理混乱,大批藏书被毁,业务工作不能很好地开展;使图书馆学教育和图书馆学研究处于中断、停滞状态。总之,在十年动乱中,我国图书馆事业遭到了极大的破坏,出现了严重的倒退。

4.第四个阶段是从 1976 年 10 月党中央粉碎"四人帮"以后开始的。从 1976 年 10 月到 1978 年底,图书馆界主要是端正办馆思想,整顿内部工作,加强基础业务建设,尚未纠正"文革"的错误路线,图书馆事业仍在徘徊中前进。1978 年 12 月召开的党的十一届三中全会,使中国历史出现了具有深远意义的伟大转折。从 1979 年起,在深入批判极左路线、拨乱反正的基础上,经过调整、改革、整顿、提高,我国图书馆事业建设已逐步地回到正确轨道上来。图书馆的性质、职能、方针、任务和服务对象得到进一步明确,整顿内部、清理馆藏、健全目录等基础工作已取得显著成绩,各地区图书馆协作组织相继恢复了活动,图书馆学教育和图书馆学研究有了新的发展,图书馆自身的现代化建设也迈出了新的一步,进入了由传统图书馆过渡到现代化图书馆的新的发展阶段。

**二、我国图书馆事业建设的主要成就**

建国以来,我国图书馆事业的发展,有时快,有时慢,有时顺利,有时受到挫折。但从整体上看,新中国建立以来的图书馆事业还是取得了旧中国不能比拟的成就。

1.我国图书馆事业已初具规模,公共、高校、科学、专业、工会、儿童、街道、农村等各种类型的图书馆都得到了全面发展,遍布全国各民族、各地区、各系统,初步形成了一个布局合理、藏书比较丰富、具有全国规模的图书馆事业体系。

2. 各类型图书馆根据自身的性质和任务,面向不同的读者和用户,开展了形式多样的服务活动。在国家建设和社会生活中,在党和政府的决策中,提供了大量的文献和情报,产生了明显的政治效果和巨大的经济效益,在两个文明的建设中已经或正在做出巨大的贡献。

3. 在图书馆基础业务建设方面,我国图书馆界也做了一些开拓性的工作。在党和政府的关怀支持下,各类型、各系统图书馆及有关部门通力合作,我国已在统一编目、编制联合目录、编制《中国图书馆图书分类法》、编制《汉语主题词表》、编制《全国善本书总目录》等方面做出了成绩,取得了成果。这不仅大大有利于更好地继承和利用我国的图书财富,而且在对外文化交流中也将起到重要的作用。

4. 在党的教育路线、方针、政策指引下,我们坚持了无产阶级办学方向,图书馆学教育规模和教师队伍不断扩大,教学内容不断更新,加强了图书馆学、情报学基本理论、基本知识、基本技能的教学和训练,增设了管理科学、计算机技术、缩微技术等现代技术方面的课程。并采取多形式、多层次办学方式,分级培养专业人才,既培养大学本科生、专科生,也培养研究生、进修生和函授生。一些省、市还举办了不同学制的专业班、中等专业学校和图书馆职业班。此外,图书馆在职教育也有了很大发展。

5. 根据我国图书馆事业建设和图书馆工作的实际需要,图书馆学研究的内容日益广泛,涉及到图书馆学基础理论、图书馆事业建设原理、科技情报服务、图书馆建筑设计、藏书建设、文献目录著录标准化、分类法主题法检索体系标准化、目录学、图书馆法等领域。特别值得注意的是,已经有不少人将其它学科的理论和方法应用于图书馆学的研究,例如读者心理、图书馆统计、文献经济效益、图书保护及行为科学与读者工作的研究等等。这些富有新意的探索,对丰富图书馆学的内容和提高图书馆学的科学水平,都将起到一定的促进作用。

近几年来,我们还开展了图书馆现代技术的研究,包括电子计算机在图书馆中的应用、汉字信息处理、图书管理和检索的现代化手段、缩微资料与视听资料的管理与利用、检索语言、机读目录款式,以及图书馆工作过程的机械化等。这些方面的研究尚处于初期研究试验阶段,时间虽不长,但在党的科学政策的推动下,由于有关方面的重视和支持,参与研究试验人员的悉心钻研,已经积累了一些经验,取得了初步成果。

6. 近几年来,图书馆学刊物和专业书籍的编辑出版工作,也呈现出崭新的局面。图书馆学刊物,不但有全国性的,而且几乎各省都有,有的省还不止一种。据粗略统计,现在全国共有70多种图书馆学专业刊物。其中,《图书馆学通讯》已与世界上30多个国家和地区的93个单位建立了交换关系,还有30多个国家和地区的300多个单位,向中国书店直接办理了订阅手续。

中国图书馆学会和各省市、各专业图书馆学会非常重视图书馆学专业书刊的编辑出版工作。近些年出版了一批有一定学术水平的专著。

7. 我国图书馆界与国外的同行交往日益增多。1981年5月,经国际图联(IFLA)执委会讨论,恢复了中国图书馆学会在国际图联中的合法席位,成为这个国际组织的协会会员。作为机构会员参加国际图联的,有中国国家图书馆(北京图书馆)、上海图书馆、中国科学院图书馆、清华大学图书馆、北京大学图书馆学系、武汉大学图书馆学系等七个单位。这样,就使我国图书馆界的对外交流工作进入了一个新的阶段。

1981年以来,我国连年派出代表团参加国际图联第47、48、49、50届大会。在出访方面,中国图书馆学会派代表团出席了美国图书馆协会第100届年会和新西兰图书馆学会1982年年会。

另外,还考察了西德、挪威、瑞典、丹麦等国家的图书馆事业。在接待来访方面,我国先后接待了美国、澳大利亚、日本、菲律宾、泰国、英国等图书馆界代表团。此外,还邀请了一些国外知名的图书馆学者和国际图联的领导人来我国访问。

通过上述国际交往与学术交流,不仅与各国图书馆界交流了工作情况与经验,加强了业务联系,而且也扩大了我国图书馆事业在国际上的影响,增进了我们与各国图书馆界的相互了解和友谊。

## 第三节　我国图书馆事业的结构

### 一、我国的图书馆系统

我国图书馆事业是多层次的、由各个独立的图书馆系统构成的。各个独立的图书馆系统在性质、任务、藏书范围、读者对象及工作内容和工作方法等方面有着许多共同点。具有共同点的各个独立的图书馆系统的组合,反映着我国图书馆事业结构的全貌。当前,构成我国图书馆事业的图书馆系统如下图所示:

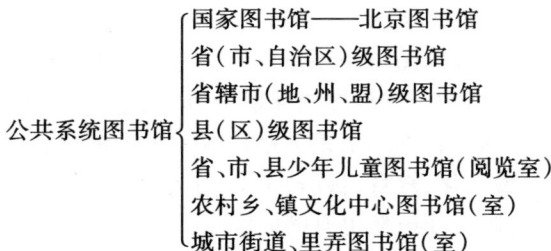

公共系统图书馆 ｛
- 国家图书馆——北京图书馆
- 省(市、自治区)级图书馆
- 省辖市(地、州、盟)级图书馆
- 县(区)级图书馆
- 省、市、县少年儿童图书馆(阅览室)
- 农村乡、镇文化中心图书馆(室)
- 城市街道、里弄图书馆(室)

$$
科研系统图书馆
\begin{cases}
中国科学院系统图书馆 \\
中国社会科学院系统图书馆 \\
中国农业科学院系统图书馆 \\
中国医学科学院系统图书馆 \\
中国地质科学院系统图书馆 \\
中医研究院系统图书馆 \\
其它研究院(所)图书馆 \\
大型厂矿、企业技术图书馆
\end{cases}
$$

$$
学校系统图书馆
\begin{cases}
高等院校系统图书馆 \\
中等专业学校图书馆 \\
普通中学图书馆 \\
小学图书馆(室)
\end{cases}
$$

$$
工会系统图书馆
\begin{cases}
中华全国总工会图书馆 \\
各省(市、自治区)工会图书馆 \\
各产业工会图书馆 \\
各工厂工会图书馆
\end{cases}
$$

$$
共青团系统图书馆
\begin{cases}
各级青年宫图书馆(室) \\
各级少年宫图书馆(室)
\end{cases}
$$

$$
军事系统图书馆
\begin{cases}
军事领导机关图书馆 \\
军事院校图书馆 \\
军事科学图书馆 \\
野战军各级图书馆(室)
\end{cases}
$$

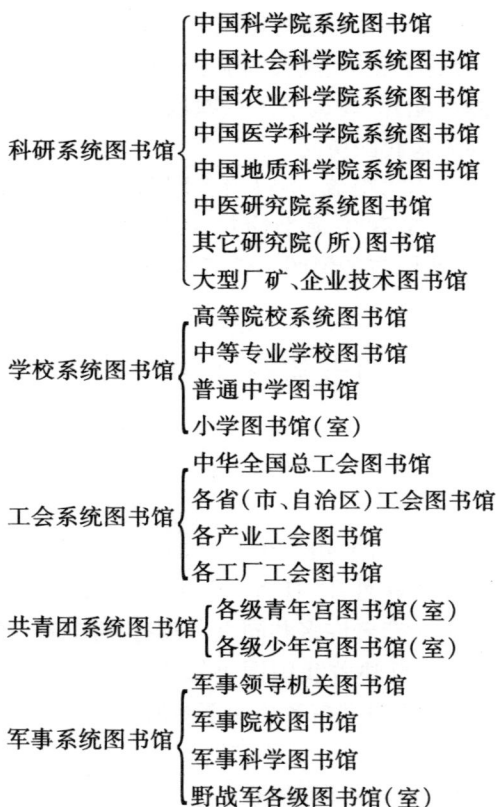

从上图可以看出,我国图书馆系统的划分主要是以图书馆主管机关的性质作为依据的。这种按领导系统组合成图书馆序列的结构,称之为纵向结构。我国图书馆事业基本上属于纵向结构,各种类型的图书馆分属文化、教育、科研、工会、军事等系统的主管部门领导,各系统图书馆之间虽然也有横向联系,但不是很多。1957年,虽然组成了国务院科学规划委员会领导下的图书组,建立了北京和上海两个全国性的图书馆委员会和武汉、沈阳、南京、广州、成都、西安、兰州、天津、哈尔滨等九个地区性的中心图书馆委员会,在外文书刊采购、图书集中编目、编制联合目录和图书互借等方面，进行过一些协作，使各系统图书馆之间发生过一些横向联系，但上述机构的基本职能是协作和协调，并没有改变我国图书馆事业纵向结构的实质。

## 二、我国图书馆事业结构的特点

我国图书馆事业结构是以行政关系为基础，按图书馆的领导系统组合而成的。这种结构表现在纵向联系上的特点是隶属等级制。即在本系统内的相互联系，是借助于行政管理来实现的。这是一种自上而下的纵向联系，各系统的中心图书馆，对本系统所属的各级图书馆起组织、协调和辅导的作用。图书馆事业的纵向结构，表现在块块领导上的特点是各自为政，相互分割，多头领导。由此而来的是各馆"单干"倾向严重，"小而全"、"大而全"的情况普遍存在，造成人力、财力和图书资源的重复和浪费。为了克服这些弊端，应当在纵向联系的指导下，加强各系统、各地区图书馆之间的横向联系，并且与纵向联系有机地结合起来，有效地促进图书馆事业的发展。

加强横向联系，必须把各系统、各地区的图书馆业务工作按专业化原则组织起来，打破条条的分割和块块的束缚，逐步实现业务活动的统一化和规范化。所谓专业化原则是以图书馆工作的专业性质为基础，对具有内在联系的业务活动加以统一的组织和管理。其内容涉及到图书馆业务工作的很多方面，例如，实行统一编目，协作采购，合作对外交换等。这些可以使藏书品种比较齐全，复本数量比较恰当，补漏和征集书刊资料比较及时，分编标准比较统一，既能提高工作效率与质量，又能节省人力和物力。在服务工作方面，也可以实行服务分工：有的馆可以为科学研究服务作重点，其服务对象主要是科研人员；有的馆则以普及科学文化知识、提高全民族科学文化水平为重点，其主要服务对象是广大群众和青年学生。前者侧重提高，后者侧重普及，形成既有分工又有配合、相辅相成的服务整体，从而满足不同读者群的各种需要。

在加强横向联系过程中，必须充分发挥各地区、各系统的中心图书馆的协作中心、检索中心的作用。各地区、各系统的中心图书馆一般是藏书基础较好、业务力量比较雄厚、科学管理水平比较高的大型图书馆。这些大型图书馆与本地区、本系统的各类型图书馆有着一定的交往和联系，具备作为协作中心和检索中心的基本条件。各中心图书馆在加强横向联系方面所承担的主要工作是：根据国家制定的方针政策与规划计划，组织跨系统的业务协作活动，完成图书采购与交换、集中编目、编制专题书目和联合目录、科学研究与人员培训、馆际互借、文献复制等方面的协作任务。

以上就是加强横向联系的主要内容。这些内容归结起来，是以各个中心图书馆为主体，赋予它们独立活动的能力和权力，通过按专业化原则组织业务活动的途径，逐步地把图书馆办成一种社会事业，使各类型图书馆的社会职能得到最大限度的发挥。

## 第四节  馆际合作与资源共享

### 一、馆际合作与资源共享的必然性

资源共享是当今图书馆事业的一个重要课题。为了实现这个目标，图书馆合作是一个重要途径。也可以说，馆际合作是资源共享的前提，资源共享范围的扩大和发展，必然要求图书馆之间开展多种多样的合作。

在国外，图书馆之间的合作，如果从统一编目算起，迄今已有一百多年的历史了。最初，馆际合作是从统一编目、出版联合目录、馆际互借开始的，后来逐步发展到广泛的范围。大约在本世纪五十至六十年代,图书馆界的有识之士正式提出了图书馆资源共享的概念。资源共享的最初含义是指图书馆与图书馆之间的关系,即图书馆之间相互分享各自的资源,为读者或用户提供更多的服务。后来,这个概念在原有基础上又有延伸和扩展,例如美国匹兹堡大学教授肯特(Kanter,A.)认为:资源共享是图书馆的一种工作方式,即图书馆的全部或部分功能为许多图书馆所共享。而图书馆的功能又可分为采访、加工、存贮和流通服务等。他还认为,图书馆资源不仅是藏书,图书馆所拥有的人员、设备、工作成果等都是资源,因而也可以某种方式为许多图书馆所共享。关于资源共享的目的,肯特认为有两个方面:一是使图书馆的用户获得更多的文献资料;另一个是为图书馆的用户提供更多的服务,而且这种服务比单个图书馆所支付的费用要少得多。

图书馆资源共享,既是科学文化发展的要求,又是图书馆事业自身发展的必然结果。第一,人类知识总量的增长,随之而来的是出版物按指数比率激增,这就使任何一个图书馆都不可能将全部出版物收集齐全,必须依靠图书馆界各种形式的合作,才能满足读者或用户的不同需要。第二,知识的发展不只是量的积累,而且发展的形式呈现出复杂的情况。科学领域不断扩大,产生许多分支学科和专业;与此同时,各门学科又相互交叉、相互渗透,产生许多边缘学科和综合学科。学科分得越细,各学科就越是需要运用其它学科的研究方法和研究成果。这就使得像生命科学与非生命科学这样相距甚远的领域也相互沟通起来。当代科学发展的这个特点,对图书馆的各个工作环节,对读者利用书刊文献的行为,都产生了深刻的影响。第三,科研劳动社会化,科研活动中划分出图书情报工作,促使图书馆的社会职能发生变化。这个变化就是图书馆从一般的文化教育机构,扩大成为科研劳动不可缺少的一部分。科研人员在获取和利用图书情报方面,对图书馆和科技情报部门的依赖性日益增大。他们利用图书馆的要求更迫切,专指性更强。

当代科学文化发展的这三个特点,要求图书馆界消除分散单干的状态,朝着馆际合作的方向发展。

资源共享概念的出现,还有两个不可忽视的因素:其一是科学专业图书馆的发展。科学专业图书馆是随着科学研究从个体单干向集体的有组织的方向发展的,是伴随着科研机构的兴起而建立起来的,它直接服务于科学技术工作。但随着科学技术的发展,它要完全依靠自己的藏书来满足读者各种各样的需求,那是不可能的,因而对资源共享更感迫切。另一个因素是新技术在图书馆工作中的应用。采用新技术,一方面使图书馆之间的联系、图书文献的利用等方面,减少了地理障碍,使图书馆资源共享有了更好的技术条件。另一方面,由于新的技术装备费用昂贵,这种高额费用只有在资源共享网络的情况下才能得到补偿,才能充分体现新技术的优越性。

从以上的分析可以看出,实行图书馆资源共享是当代科学技术的发展所要求的,是发展社会化图书馆事业所应采取的对策。

**二、馆际合作与资源共享的内容**

从广泛的意义上讲,图书馆的各种功能,包括采访、加工、存贮、参考咨询和流通服务等都可以实行馆与馆之间的合作,达到资源共享。但在目前阶段,世界各国还没有包括图书馆全部功能的资源共享网络的先例。在许多国家中,占主导地位的是以下四个方面的合作:

1.图书集中编目。为了解决全国图书情报资源的共享问题,美国国会图书馆从 1901 年就开始组织全国图书情报资源卡片目录中心,组织全国统一编目,发行印刷卡片及书本式联合目录。但是由于卡片目录中心是手工检索的,因此在发展中遇到了很多困难。一直到本世纪六十年代末,美国国会图书馆研制成功了 MARC II 机读目录系统后,才逐步由电子计算机管理的书目数据库代替了手工检索的卡片目录中心,在实现图书情报资源共享计划道路上向前迈出了一大步。美国在 1974 年又成立了一个"全国书目控制委员会"(CCNBC),进一步加强美国各种类型图书馆业务的标准化工作,并力图在目前"连续出版物转换计划"(CONS-ER)和"协作性机读目录"(COMARC)基础上建立全国统一的书目数据库。

近年来,国际上为了进一步加速图书情报资源的交流,在联合国教科文组织(UNESCO)的大力支持下,"国际图书馆协会联合会"(IFLA)、"国际文献馆联合会"(FID)、"国际档案馆会议"(ICA)、"国际科协理事会"(ICSU)也都致力于实现国际间图书情报资源共享计划。如 1977 年 8 月在比利时召开的"发展中国家资源分享会议的预备会议",1977 年 9 月在巴黎召开的"国际书目(UBC)协调会议",1977 年 10 月在保加利亚召开的"第二次苏联东欧国家图书馆会议",都把图书情报资源共享计划列为重要议题。特别是 1977 年 10 月在巴黎召开的"综合性情报计划第一届政府间理事会议",把国际间两项规模很大的计划——促进国际间图书情报交流的"科学技术情报系统"(UNISIST)计划与促进各国国内图书馆、文献馆和档案馆合作的"国家情报系统"(NATIS)计划合并为"综合性情报计划"(GJP)。这就将多年来社会科学与科学技术的图书情报资源分管分藏和图书馆、档案馆及情报研究单位各自为战、自成体系的局面统一了起来。这为建立国际间书目数据库,实现国际间图书情报资源共享创造了十分有利的条件。

除了全国性的图书集中编目和以此为基础的国际间图书情报的交流,在一些国家还出现了地区性的分工编目与分工输入,如美国的俄亥俄学院图书馆中心(OCLC)和伯明翰图书馆机械化合作计划(BLCMP)等等。

2. 馆际互借。馆际互借是图书馆资源共享的一种方式。所谓馆际互借是图书馆代表其读者和用户向其它馆免费借入图书资料,同时以互惠方式将本馆的图书资料借给其它图书馆。目前,在世界各国广泛地运用了这种资源共享的方式,例如美国从 1875 年起就开始开展馆际互借,1917 年第一次颁布了《全国馆际互借法》,以后又对该法进行了多次修订,使之不断完善。

馆际互借是图书馆之间平等互惠、互通有无的好办法,但也存在着一些实际问题,如互借量大、互借速度慢、时间长、各馆互借量及其费用不平衡、大型馆负担过重等等。因此,目前有些国家正在研究建立集中型馆际互借中心和在馆际互借中使用全国计算机分时系统的可行性,以便进一步改进馆际互借的办法和制度。

3. 采购协作。这是一种更密切的协作方式,为实现资源共享创造了更好的条件。馆与馆之间在图书采购方面既有明确的分工,又有紧密地协作,才能有利于合理使用经费,保证书刊的补充与合理的分配,形成各馆藏书的系统性和各地区、各系统以至全国的收藏系统和利用系统,促进全国图书资源的整体化建设。

目前,世界各国图书资源的整体化建设情况较为复杂,如有的国家采取协调收集方针,规定各馆负责的学科和范围,经费由各馆自己分担,但集中统一购买。美国著名的法明顿(FAIMINGTON)计划就是一例;有些馆合作采购某些罕用而又昂贵的资料;有些馆合作缩微复制,交换复本;有些国家采取国际合作的办法来解决书刊文献资料的收集与利用问题,如北欧四国的斯堪的纳维亚计划、欧洲共同体国家的协作计划等。

4. 建立藏书贮存系统。为了提高藏书利用率,解决藏书迅速增长与书库空间紧张的矛盾,许多国家建立了藏书贮存系统,以贮存各馆中陈旧过时的"呆滞书刊"或流通率极低的书刊。这种藏书贮存系统包括附属馆形式贮存书库、地区合作贮存库及向所有图书馆开放的国家贮存图书馆等。

贮存图书馆的建立,在不同国家里采取了不同的方式。例如,苏联的贮存图书馆是分四级建立的,这就是地区、地区间、加盟共和国和全苏四级。各馆贮存的内容也不完全相同,有些是综合性的,有些则是专科性的。而在美国,则采取合作建立贮存中心的形式,例如美国中西部馆际中心与研究图书馆中心(MILC)、罕布什尔馆际中心(HILC)等,都担负着贮存图书馆的职能。

### 三、我国实行图书馆资源共享的障碍

馆际合作与资源共享是图书馆事业发展的趋势,但在实行馆际合作与资源共享过程中还需要克服许多障碍,主要是传统的管理思想和管理制度的障碍,物质的和地理的障碍,法律的和行政的障碍等等。

在我国,实行图书馆资源共享的必要性和迫切性是不言而喻的。但是由于多种因素的制约,使我国图书馆的合作与资源共享处于低水平的阶段,其主要障碍概括起来有以下三点:

1. 我国是发展中的社会主义国家,经济比较落后,用于图书馆事业的投资很少,而且,目前我国的法制还不健全,因而图书馆事业的发展得不到法律的保证和充足经费的支持,图书馆资源建设缺乏整体方案。

2. 我国图书馆事业分成公共、科研、学校、工会等系统,各自隶属于不同的行政主管部门,至今尚未建立跨系统的、有权威的职能机构去规划和组织图书馆界的合作,促进资源共享网络的形成。

3. 标准化是网络化的必要条件,没有标准化就没有网络化。为了实现图书馆的合作,达到资源共享的目的,国际上制定了专业标准、国家标准、国际标准,为图书馆合作和资源共享创造了有利条件。长期以来,我国图书馆界标准化的水平较低,各行其是,各搞一套,给馆际合作与资源共享造成了重重困难。

当然,在我国实行资源共享的障碍远不止这些。要克服这些障碍,首要的是必须用集中化原则对全国图书馆事业的组织进行根本的改革,主要措施是建立一个有权威的、跨系统的领导机构,

确定发展全国图书馆事业的基本方针和远景规划,加强图书馆法制建设,制订协作条例和工作细则,统筹全国图书馆资源的布局、分配和使用,建立跨系统的合作网络,提高协作和协调工作的水平,奠定管理全国图书馆事业的科学基础。

## 第五节　图书馆法

### 一、图书馆法的意义和作用

图书馆法是经国家立法机关依据一定的法律程序制订的法律或法令。这种法令同其它各种法令一样,具有阶级性、强制性、统一性三个特点,一经立法机关批准、颁布,它就具有不可侵犯的权威,并由国家政权的强制力来保证实施。

一个国家的图书馆法,不论它是综合性的或是专门性的,都必须体现该国家的图书馆政策,并与该国家的总政策相一致。国家的政策与法律在本质上都是一致的,都是统治阶级意志和利益的集中体现。革命导师列宁曾明确指出:"法律是一种政治措施,是一种政策。"(《列宁全集》第 23 卷,第 40—41 页)可以说,政策是制订法律的依据,法律是政策的定型化。或者说,政策是法律的内容,法律是政策的表现形式。宪法是一个国家的根本大法,图书馆法的各条规定,都必须服从宪法。图书馆法作为国家法的一个分支,是国家的图书馆政策的具体体现和定型化。它是揭示图书馆事业发展方向,指导图书馆工作实践的指针。

早在十九世纪下半期,许多国家都先后采取立法手段来发展国家的图书馆事业。进入本世纪以来,根据建立图书馆网和社会对图书馆工作要求的复杂化的情况,一些国家又重新颁布了新的图书馆法规。可以说,凡是图书馆事业比较发达的国家都颁布了有关图书馆的法令。

英国于 1850 年颁布了《公共图书馆法》。以后,英国的图书馆法又几经修改,于 1964 年公布了新的《公共图书馆与博物馆法》,1972 年又公布了《大英图书馆法》。

美国是先有各州的图书馆法,直到 1956 年才公布了全国的《图书馆服务法》。

日本在 1899 年曾颁布过图书馆法令,第二次世界大战以后,开始着手制订图书馆法,1950 年公布了《图书馆法》(适用于公共图书馆)。1953 年,又公布了《学校图书馆法》。

苏联在 1920 年 11 月 3 日颁布了《关于集中管理俄罗斯苏维埃联邦社会主义共和国图书馆事业》的法令。这个法令是按照列宁的建议,在列宁亲自领导并直接参加下拟订的,所以它体现了列宁对图书馆事业的基本观点。根据这个法令,所有图书馆都要加入统一的图书馆网。1934 年,苏联中央执行委员会通过了《关于苏维埃社会主义共和国联盟的图书馆事业》的决议,这是苏联第二个综合性质的图书馆法律。它对苏联图书馆实现普及性原则,建立图书馆新类型,建立图书馆事业领导机关及改进图书馆藏书办法和干部培养工作都作出了明确而具体的规定。

自本世纪五十年代以来,东欧一些国家也都制定了图书馆法规。例如,在捷克斯洛伐克(1959 年)、波兰(1968 年)、德意志民主共和国(1968 年)、保加利亚(1970 年)等现行的图书馆法规中,都规定了图书馆在社会主义建设中的社会职能与任务,拟订了图书馆分布和建馆标准,确定了协调图书为居民服务的方法,以及作为统一体系的图书馆事业的领导方式等等。

这些图书馆法规分别反映了各个国家的图书馆政策。它们是根据具体的社会条件和国家在科学文化教育领域里需要完成的任务而制订出来的。由于法律所具有的严肃性,一个国家图书馆法规的实施,就能够使图书馆事业的地位和发展得到法律的保证。

法是阶级意志的表现。社会主义国家的图书馆法应集中反映无产阶级和广大人民的意志,维护无产阶级和广大人民的利益,保证他们使用图书馆的权利。这是社会主义国家图书馆法首先应该起到的作用,也是它与资本主义国家图书馆法的本质区别。另外,作为社会主义国家的图书馆法,还应起到保证党和政府发展图书馆事业各项方针政策的贯彻执行和维护图书馆正常的工作秩序的作用。

## 二、图书馆法的内容

明确图书馆法的内容,是制订图书馆法的基础。对图书馆法各部分内容的深入研究则是制订出高质量图书馆法的保证。图书馆法的内容直接体现国家的图书馆政策,因此,不同国家的图书馆法,其法律条文是不相同的。欧美等国的图书馆法的内容一般包括以下诸方面:

1. 关于图书馆性质、地位和社会职能的规定;
2. 关于图书馆经费及其来源的规定;
3. 关于图书馆各项服务标准的规定;
4. 关于图书资源建设与布局的规定;
5. 关于图书馆各类人员编制与素质的规定;
6. 关于图书馆机构和建筑设备的规定;
7. 关于各类型图书馆发展和布局的规定;
8. 关于图书馆业务技术标准的规定;
9. 关于图书馆事业管理体制的规定;
10. 关于馆际协作与资源共享的规定。

## 三、我国图书馆立法展望

我国也是世界上较早制订图书馆法的国家之一。清末宣统元年(公元 1909 年),学部曾奏拟图书馆章程共十九条,这是我国第一部图书馆法规。民国四年(公元 1915 年)教育部颁布了通俗图书馆规程十一条。同年教育部又颁布了图书馆规程十四条。这些章程和规程,虽然很粗略,而且在当时社会条件下也不可能完全实施,但是,它促进了图书馆名称的统一和性质的转变,即由封建社会的藏书楼变为向公众开放的图书馆。这在我国近代图书馆事业发展上的作用是巨大的,影响也是深远的。

1949 年,中华人民共和国成立以后,国家及有关领导部门多次颁布了关于图书馆事业的文件和条例,如 1950 年政务院《关于禁止珍贵文物图书出口暂行办法》、1955 年国务院《关于处理反动的、淫秽的、荒诞的书刊图画的指示》、1955 年中华全国总工会《关于工会图书馆工作的规定》、1955 年文化部《关于加强与改进公共图书馆工作的指示》、1956 年教育部颁发的《高等学校图书馆试行条例(草案)》、1957 年国务院批准的《全国图书协调方案》、1978 年教育部《关于加强高等学校图书资料工作的意见》、1978 年国家文物事业管理局颁发的《省、市、自治区图书馆工作条例(试行草案)》、1978 年中国科学院《关于图书情报工作暂行条例(试行草案)》、1980 年中共中央书记处通过的《图书馆工作汇报提纲》、1981 年教育部重新颁布的《中华人民共和国高等学校图书馆工作条例》等等。这些指示、办法、规定、方案和条例,体现了我们国家的图书馆政策,为制订我国新的图书馆法规奠定了基础。

我国是社会主义国家,所以,制订我国的图书馆法不能简单地照搬照抄外国的图书馆法。我国制订图书馆法,必须以我国宪法为依据,从我国现有的经济水平和图书馆事业的实际情况出发,由国家立法机关依据一定的法律程序,有领导、有组织地进行制订。制订出来的图书馆法应该是一部反映我国的图书馆政策、符合我国国情、揭示我国图书馆事业发展方向的社会主义性质的图书馆法。

制订我国的图书馆法,不仅要从当前我国的国情出发,而且要考虑到图书馆事业的发展趋势。资源共享是当代许多国家制订图书馆政策的核心,这是因为各国对图书情报资源的投资远远满足不了社会的需要,也不适应图书资料的采购、加工、贮存所需成本的增长,解决的办法就是谋求资源共享。我国图书馆在共享资源方面主要是采取馆际互借的方式,而且是在局部范围内开展的,存在着较大的随意性,这就严重阻碍了图书资源的充分利用。解决这个问题的方法就是明确规定协作是每个图书馆的义务,并用法律的形式予以固定,把馆际协作和资源共享作为国家的重要的图书馆政策。

我国图书馆事业缺乏统一的领导机构,处于分散管理、各自为政的状态。这种体制不利于国家的统一计划,阻碍图书馆的合作,对资源共享是一种障碍。成立跨系统的国家统筹图书馆事业的领导机构是集中管理全国图书馆事业的必要措施。它意味着在国家统一计划下,使全国各类型图书馆形成一个紧密协作、共享资源的网络,并与其它情报网络合作,形成全国图书情报系统,为国家的经济、科学、教育、文化事业服务。这种统管机构应在图书馆法中予以规定。

制订图书馆的服务标准是国家图书馆政策的重要方面,它不仅对国家规划图书馆工作是必要的,而且对于评价图书馆工作也是必要的,所以它已成为衡量一个国家图书馆工作水平的重要标志。我们应该借鉴外国的经验,研究与制订各类型图书馆的服务标准,并具体地纳入到我国图书馆法的条文中,使图书馆服务工作和整个图书馆事业的发展得到法律的保障。

# 第五章　图书馆网

## 第一节　图书馆网的概念

### 一、图书馆网的概念

图书馆事业是不断发展、不断完善的。在科学文化发展的早期,从事文化活动的人数不多,书刊文献资料的数量也不大,所以收藏书刊文献资料的图书馆也为数不多,图书馆之间互不联系,各自独立地开展服务活动基本上能够满足当时社会的需要。但是,由于科学文化的不断发展,书刊文献资料的数量大大增加和人们对它的特定需要之间的矛盾的不断发展,以前的那种图书馆之间互不联系,各自独立地开展服务活动的做法已不能适应社会的需要。人们对书刊文献资料需要的多样性,不仅推动着各种类型图书馆的产生,而且推动着各种类型图书馆之间朝着合作的方向发展。

早在十九世纪,在欧美一些发达的资本主义国家,当资本主义的生产方式要求图书馆从王宫、教会、经院和私人藏书家的羁绊中解放出来,而成为为社会公众服务的文化教育设施以后,西方图书馆界的有识之士就提出了用"合作"、"联合"的方式来共同从事图书馆某项业务工作的意见。例如,美国图书馆学家 C.C. 朱厄特在 1850 年提出了编制图书馆联合目录的设想;1876 年 T.H. 罗杰斯和 M.杜威先后提出了集中编目的意见；1893 年德国柏林皇家图书馆开始同各大学图书馆互借图书；1896 年美国芝加哥公共图书馆、纽贝里图书馆与克里勒图书馆就藏书专业分工问题达成协议；1901 年美国国会图书馆开始了馆际服务，并于 1902 年正式向委托馆发行印刷卡片目录；1909 年，曾任美国图书馆协会主席的古尔德博士比较完整地提出了关于建立图书馆体系的论点。总之，在十九世纪末至二十世纪初，图书馆事业在欧美一些资本主义国家得到了进一步的发展，加强图书馆之间的协作，已经成为近代图书馆事业发展中的重要特征和共同趋势。

图书馆网是近代图书馆事业发展的产物。它发端于图书馆之间的协作，是各种图书馆之间合作的扩大和发展。它使各种类型图书馆之间的松弛联合，变成一个正式的、完整的、有组织的图书馆联合体。

我们在理解图书馆网这个概念的基本含义时，既要看到它与"图书馆合作"、"图书馆联合"的内在联系，也要注意它们之间的质的区别。

图书馆合作，主要是指两个或两个以上的图书馆之间改进馆际协作、促进馆藏的利用、提高读者服务水平的活动。一般说来，这种合作是松散的，合作的内容单一，仅限于图书馆某一项或某几项业务工作。

图书馆联合，是图书馆合作的扩大和发展。它是馆际协作的一种形式，通常限于一定地区、一定数量、一些类型或一些专业系统的图书馆。它需要参加协作的各个图书馆之间签订相应的合作协定，并根据协定的要求制定出正规的管理制度，一般要有适当的经费预算。一个图书馆联合体一般不要求正式编制的工作人员，如果需要的话，通常也是为数很少的。

图书馆网，是传统的图书馆间互相合作、联合的扩大和发展。它统一制定合作规程和工作计划，并遵循合作规程的要求，有计划、有组织地开展各种服务工作;它需要建立中心机构和拥有一定的人员编制去实施网络计划,而不是单纯地促使馆际协调。图书馆网与"图书馆合作"、"图书馆联合"的主要区别在于后两者是少数图书馆之间的传统合作,从一定的意义上来说是非正式的,而图书馆网则是正式的,完整的,有组织的。它使各类型、各级图书馆之间的联系更加趋于密切,使分散在各地区、各系统的各种类型图书馆紧密地组织起来,统一领导、统一规划、统一行动,形成一个既有分工又有协作、纵横交错、脉络贯通的图书馆体系。参加这个图书馆体系的各个成员馆,都必须在协调一致的基础上承担一定的责任,完成特定的任务。

## 二、图书馆网的类型

图书馆网有一个发展过程。半个多世纪以来,随着物质生产的发展和科学技术的进步,精神产品——书刊文献资料也激剧增长,图书馆的社会职能有了新的扩大,特别是现代化检索手段和通讯技术广泛应用于图书馆工作,使图书馆网的建设规模、普及程度及图书馆之间的联系都达到了前所未有的水平。从近代图书馆事业发展的基本特征和共同趋势来看,图书馆网的发展大体上出现了两种类型:一个是图书馆事业网,一个是图书情报的电子计算机检索网。

图书馆事业网有纵横两个系统:从纵的方面说,是指按领导关系和专业性质组织起来的、有上下隶属关系的系统图书馆网;从横的方面说,是指按行政区域通过馆际协作或业务辅导关系将各种类型、各级图书馆组织起来的地区图书馆网。图书馆事业网就是将各系统、各地区图书馆纵横交错地、脉络贯通地组成为集中统一领导的全国性图书馆网。这种网的基本职能是协作和协调,所以它也被称之为图书馆协作网。

图书情报的电子计算机检索网,是电子计算机技术和现代通讯技术对图书情报处理的结合体。它是把许多计算机检索系统用通讯线路联结起来,形成计算机检索网络,各大型图书情报单位的计算机变成网络中的一个结点,每个结点又可连接很多个终端设备,依靠通讯线路把每个结点连接起来形成纵横交错、互相利用的情报检索网络。用户可以利用安装在自己单位的终端设备,检索网络内任何一个计算机系统的文献库。在这种检索网络中,由于任何一个终端都可以使用网络内任何一个计算机系统所存贮的文献数据和所提供的各种服务,从而扩大了用户对分布于各地的情报资源的利用;由于许多计算机的连结,就相对地增加了计算机的存贮容量,提高了计算机的使用效率,加快了情报的传递速度。

从以上分析可以看出,就图书馆事业网和电子计算机检索网的基本职能来讲,它们之间并没有必然的联系,但随着现代化科学技术的迅速发展,它们两者的关系越来越密切,因而在规划图书馆网的建设时不能把它们割裂开来。图书馆事业网和电子计算机检索网的关系,是互相促进、相辅相成的关系。图书馆事业网为计算机检索网的建设提供了发展的基础,即在各系统、各地区图书馆网形成的基础上,选择若干个全国的、地区的系统的重点图书馆作为中心,采用电子计算机存贮、检索,围绕中心分设若干个分中心与终端,形成图书、情报资料的存贮检索和机读目录的网络。反之,电子计算机检索网的形成又会促进图书馆事业网进一步向纵深发展,以便在事业的组织上与检索网络化相适应。

## 第二节  图书馆网的组织

### 一、建立图书馆网的意义

在我国,建立统一的图书馆网有着重要的意义。我国图书馆事业的结构基本上属于纵向结构,这种结构表现为国家各级行政机构与各个图书馆之间的关系是领导与被领导、管理与被管理的关系,国家通过方针政策、规划计划和必要的监督手段来实现对图书馆事业的领导,保证图书馆事业沿着社会主义的轨道有计划有步骤地发展。但是,只有这种纵向联系,而无横向联系,是不利于图书馆事业发展的。所谓横向联系,是指各系统、各地区的图书馆打破条条的分割和块块的封锁,按照业务工作的客观规律与需要相互结合起来,建立业务上与组织上的联系。组织统一的图书馆网,就能够加强这种横向联系。这是一种互助、互利、互相促进的联系。加强这种联系,将有利于各个图书馆按照图书馆工作的规律进行业务活动,既有利于充分发挥各个图书馆的作用,也有利于加快图书馆事业的发展,使图书馆传播知识、传递情报的功能得到最大限度的发挥。

随着现代科学技术的迅速发展,在各个学科领域中都涌现出大量的书刊文献资料。这样繁多的书刊文献资料,无论哪个图书馆都是无法全部收藏得了的,更无法全部加工与利用。根据现在科学研究和生产建设对书刊文献资料迫切需要的情况,很需要建立一个统一的图书馆网;有一个统一的图书馆网,就会使每一个图书馆的发展都与整个图书馆网的发展紧密地联系在一起,每个图书馆都应把自己的藏书看作是全国和地区图书馆网的统一藏书的组成部分,是全国和本地区图书馆网的共同财富。我们只有实行全国性和地区性的馆际藏书协调,才能对全国的图书资源进行合理的分配和共同的利用,充分地发挥各馆藏书的作用,更好地满足读者的需要。也只有这样才能克服目前不少图书馆在藏书补充工作中仍然不同程度地存在着的盲目性,避免资源、资金、人力、物力的浪费现象。

建立统一的图书馆网,还有助于实现图书馆工作现代化。图书馆工作现代化与图书馆事业网络化是密切相关的。网络化是现代化的必要条件与基础,因为采用电子计算机等现代技术设备,往往非一个图书馆或少数几个图书馆力所能及,这就需要有很多图书馆联合起来,集中人力财力,共同利用同一设备。这样做也就必然导致图书馆的网络化。网络化是以最节约的方式进行图书馆现代化建设的办法,也是最大限度地发挥电子计算机作用的必由之路。现代化能够促进网络化向纵深发展,因为图书馆要在技术上实现现代化,就必然要有组织上的网络化与之相适应。

**二、图书馆网的组织**

组织图书馆网,就是把分散在各地区、各系统的各种类型图书馆组织起来,成为一个统一的整体,打破分散单干、各自为政的局面。组织统一的图书馆网,不是取消各馆的独立性,相反,它会促使各馆发挥更多的独创性,来履行整个网络所赋予的职责。有集中又有分散,有协调又有分工,有统一的计划又有具体的灵活性,这些应该成为图书馆网的基本特点。

图书馆是一种社会文化机构,组织图书馆网不能不受社会制度、社会结构和生产发展水平的制约。革命导师列宁关于图书馆网的论述,以及我国党和政府有关的一系列的指示,是建设我国社会主义图书馆网的理论依据。列宁说过:"我们应当利用现有的书籍,着手建立有组织的图书馆网来帮助人民利用我们现有的每一本书,应当建立一个有计划的统一的组织,而不是建立许多平行的组织。"(《列宁全集》中文版第 29 卷 301 页)我们应当以列宁的这个论述为指导,积极而稳步地发展各种类型的图书馆,通过馆际协作与业务辅导关系,把各种图书馆联系起来,逐步组成为科学研究和广大群众服务的图书馆网。

在组织图书馆网的过程中,我们应该充分利用我国社会主义制度的优越性,从我国具体情况出发,克服国家与地方、地方与地方、系统与系统、馆与馆之间各行其是、自成体系等弊病,采取有计划的集中管理方式。

根据我国目前图书馆的布局情况,组织图书馆网应实行地区与系统相结合的原则。系统图书馆网是按领导关系、专业性质组织起来的(即"条条"),它们的任务大体相同,藏书性质相近,便于协作。这是统一的图书馆网的重要组成部分。地区图书馆网是按行政区划,根据就地就近的原则组织起来的(即"块块"),包括一个地区的各种类型图书馆。"条条"和"块块"这两者必须结合起来,可交叉组合,特别是在现代化技术水平不高的情况下,强调建立以"块块"为主的地区图书馆网更有必要。因为地区图书馆网组织起来以后,藏书丰富,就地就近服务,活动方便,收效更为直接。

我国地域广大,幅员辽阔,图书馆网的建设,应该突出重点。除在北京、上海等地建立全国性的重点图书馆网外,要着重抓好省一级的图书馆网的建设。各省、市、自治区的省会所在地都应当着手建立地区性的图书馆网。这是全国统一的图书馆网的重要基础。这一级图书馆网建好了,有助于在全省各个有条件的地区建立图书馆网络。

图书馆网是由各种类型图书馆组成的。在分属不同系统的图书馆中,省、市、自治区以上公共图书馆,科学专业图书馆和高等院校图书馆,一般藏书较多、工作基础较好、干部力量较强,在全国统一的图书馆网中应该起核心和骨干作用。

在省、市、自治区以上公共图书馆中,北京图书馆是国家图书馆,应当成为全国图书馆事业的中心,是组建统一的图书馆网的牵头者和推动者。省、市、自治区图书馆是各省、市、自治区的藏书、目录、馆际互借、业务交流的中心,是联结上下的重要枢纽,它要同本地区其它图书馆联结成一个网面。应当重点建设北京图书馆和各省、市、自治区图书馆,使其真正发挥全国和地区的图书馆事业中心的作用。要有计划地发展县(区)馆,逐步达到县县有馆,区区有馆,并加强对它们的业务辅导,保证它们的基本工作条件,这是图书馆网建设中的重要环节。

科学专业图书馆是直接为科研、生产服务的图书馆。它们所属的系统很多,领导分散,如能按系统组织起来,在各个系统之间进行密切协作,就会成为统一的图书馆网的又一重要方面。应当重点建设中国科学院图书馆、中国医学科学院图书馆、中国农业科学院图书馆、地质部全国图书馆,以及其它全国性的专业图书馆,使它们在各自的系统中真正发挥中心图书馆的作用。

高等院校图书馆也是图书馆网中的重要支柱之一。不少高等院校图书馆历史悠久,藏书丰富,技术力量雄厚。应当重点建设重点大学图书馆,使它们在实现网络化的过程中起典型示范作用。

除上述三大系统图书馆之外,还有政府机关和人民团体图书馆、工厂技术图书馆、工会系统图书馆、军事系统图书馆、儿童图书馆、中小学校图书馆、城市街道和农村图书馆(室)等,都是统一的图书馆网中不可缺少的网结和基层网点。只有把大中小型图书馆结合起来,才能发挥大型图书馆的核心和骨干作用,使中小型图书馆普遍受益,从而使图书馆网逐步完善起来。

我国图书馆网建设速度的快慢,关键在于能否实现集中统一的领导。因此,从中央到地方都要加强集中统一领导,把不同系统的各种类型图书馆组织起来。否则,分散的、单干的图书馆是不能实现图书馆组织网络化的。只有把国家办馆与群众办馆正确地结合起来,构成一个有机的整体,才能加快我国图书馆网的建设。

### 三、图书馆网的职能

组织图书馆网是为了消除各类型图书馆分散单干的状态,实现图书馆之间相互分享各自的资源。图书馆网的性能包括三个部分:P 表示读者或用户得到满意的服务的几率;W 表示读者或用户得到满意服务所等候的时间;C 表示满足一项服务的平均费用。图书馆资源共享的目的就是以最小的 W 和 C 取得最大的 P。当然,这个目标是在不影响完成各馆原有任务的前提下实现的。但是,作为一个分工协作、脉络贯通的网络,它的资源共享的功能将会超过单个图书馆相加的总和,读者或用户会更多地享受图书馆的服务。

我国图书馆事业网正处在发展时期,电子计算机检索网还处于研究试验的起步阶段。因此,加强各系统、各类型图书馆之间的协调和协作,是我国图书馆网现阶段活动的中心内容。在加强馆际协调和协作方面,图书馆网的主要职能是:

1.统筹规划本地区各个图书馆的藏书建设,协调图书采购,确定各馆收藏重点,避免在各馆之间出现的不合理的重复和缺漏现象,使各馆逐步形成藏书特色,建立起地区性藏书的完整体系,以保证本地区科研人员能获取所需要的书刊文献资料。

2.编制全国的和地区的联合目录,开展馆际互借,提高藏书利用率。协调书目编制工作,减少各馆编制书目的重复现象,提高书目质量。对于重点科研项目,可运用图书馆网的力量集中运用各馆的书刊文献资料,进行对口服务。

3.采取各种集中化措施,如集中编目和建立电子计算机检索网络等,促进图书馆事业的发展。

4.建立地区性的储存图书馆,供本地区各馆剔除不常用的和多余的复本书刊。

5.组织本地区图书馆工作经验的交流和在职干部的培训。

6.开展图书馆学研究,促进图书馆学的发展。

# 第三节　电子计算机检索网络

## 一、建立电子计算机检索网络的意义

图书情报资料的检索多少年来一直停留在手工检索方式上。结合科学研究的需要编制的各种目录索引,如分类的、主题的、书名的、著者的、专题的目录索引,以及馆际之间所编的各种联合目录等等,虽然也都发挥了重要的作用,但是还存在着检索速度慢、效率低、工作重复和不能从多种角度满足读者需要的局限性。

五十年代以来,随着科学技术的不断发展,书刊文献资料激剧增加,其情报寿命越来越短,而社会各方面对情报的需求却越来越迫切,传统的手工检索方式已适应不了这种新形势的需要,只有采用机器检索,才能有效地适应读者或用户的情报需求。随着电子技术的发展,图书情报资料从手工检索逐步过渡到机器检索,已成为必然趋势,这是图书情报工作的一项巨大的变革。

在各系统图书馆或情报部门之间,建立检索网络,充分发挥书刊文献资料的作用,是图书馆界和情报工作早就提出的课题。在国外,实现图书情报检索自动化主要有两种做法:一是在一个院校或一个机构范围内自行选购设备,建立检索系统;一是几个单位联合起来建立检索中心。目前他们已逐渐地向着联合起来组织中心,建立检索网络的方向发展。组织的方式大体上有两种:一种是在地区范围内组织检索中心;一种是在专业范围内组织检索中心,进而向全国以至国际间发展,形成跨地区甚至跨国的国际性检索网络。这种以电子计算机为主体的图书情报联机检索网络的优点是:

1.为数很多的电子计算机检索系统由通讯线路联结成网络,

各地的任何一个终端都可以使用网络内任何一个计算机系统所存贮的文献数据和所提供的各种服务,从而扩大了读者或用户对分布于各地的图书情报资源的利用,在较大范围内实现资源共享。

2.许多计算机联结后,就相对地增加了计算机的存贮容量,既提高了计算机的使用效率也可节约投资。

3.联网以后,情报检索的速度极快,检全资料的可能性增大,检准率也有提高;检索作业完全是由机器自动进行的,检索结果也由机器自动打印出来,甚至在数千里之外,利用联机终端,都可以进行检索,非常方便。

从上述可以看出,检索网络的建立,是充分发挥计算机功能和充分利用图书情报资源方法的又一次飞跃。

## 二、电子计算机检索网络的组织

电子计算机检索网络是一项综合性技术。由于通讯技术的发展,在七十年代中期实现了计算机与电讯技术的结合使用,开始了"情报——计算机——电讯"三位一体的新阶段。在当今社会里,各种类型的网络,例如美国洛克希德公司的 DIALOG 系统、美国系统发展公司的 ORBIT 系统、美国国家医学图书馆的 MEDLINE 系统、欧洲航天局航天情报中心的 RECON 系统,美国文献检索服务社的 STAIRS 系统,以及美国的俄亥俄学院图书馆中心(OCLC)等等,大都具有通信联络的功能。可以说,稠密的通讯线路和通讯卫星的出现,为建立计算机检索网络提供了重要的条件。组织检索网络就是把分散在各地区和各专业系统的独立的计算机系统用通讯线路连接起来,使各个地区专业用户,都能相互使用对方的图书情报资源。同时,在相互利用图书情报资源的基础上,适当分担对方的情报负荷量,使原来各自独立的计算机系统的负担,在网络中得到平衡,从而使图书情报资源的利用更加迅速、准确、广泛和有效。

在建立电子计算机检索网络时,应着重考虑的是它的布局和级位。根据我国目前图书馆的布局情况,组织检索网络也应实行地区与系统相结合的原则,在检索网络中应有两条线:一条以系统或专业为主的竖线,另一条是以组织各系统、各专业而形成地区检索中的横线。这样,会出现两个中心,即国家检索中心和地区检索中心。国家检索中心是检索网络的主体,它应具备这样的条件:

1. 有大规模的可供检索的图书情报资料,应设立相当规模的文献数据库。

2. 有协调和统一全国检索标准的能力。统一标准的内容主要包含数据库的建立、资料档的设计、磁带和磁盘的技术规格、机读代码、文献主题分析、资料记录形式、检索语言,以及计算机接口的标准化等。

3. 有足够的设备。

上述三者缺一不可。国家检索中心在具备以上条件之后,它应该起以下的作用:

1. 实行国际性的情报检索。

2. 发行统一的情报载体,如磁带、磁盘等。

3. 连接各地区的检索中心。

4. 连接专业分工的检索中心。

地区检索中心的作用,主要表现在以下两个方面:

1. 将本地区的各类型图书馆和情报机构在地区范围内连接起来,形成地区检索中心,满足本地区情报检索的要求。同时,它还具有联结几个终端装置的能力。

2. 能够形成地区性图书情报检索的特色,能在全国性的专业检索中发挥其特长。

无论是国家检索中心,或是地区检索中心,都应该设在图书情报使用和情报产生频率较高的区域。

在我国,图书情报检索网络应以四级构成为宜,即国家检索中心为一级,地区检索中心为一级,大型联合机构为一级,用户终端为一级。这四级网络采用两种网络布局形式连接起来:第一种是放射形布局,它适用于国家检索中心与地区检索中心之间;第二种是直线形布局,它适用于相临近的地区检索中心之间,大型联合机构之间,各中心与用户终端之间。这种分级布局的优点是:可以把国家的统一性与地方的灵活性、经济性与实用性、协作性与独立性较好地结合起来。还应该指出,图书情报检索网络的级位不是一成不变的,在需要和条件许可的情况下,随时可以扩大和增加。这不仅取决于计算机的功能和数量,而且也取决于通讯设施的具体情况。

各检索中心的建立,必须考虑相应的技术条件,即计算机的功能、容量和数量,它主要取决于中心站总的规模容量,地区内专业机构规模,信息存储情况,中心站的位置和技术要求,通讯设施的利用条件。要综合权衡使用距离、经济价值、传输质量和情报类型等情况,以决定取舍。用通讯线路中心间交换装置或中心的交换装置与终端设备连接起来,这样就建成了纵横交错、脉络贯通的现代化检索网络。

在组织现代化检索网络的过程中,由电子计算机的开始使用到联机检索,再到全国检索的网络化这个过程,在技术上要求标准化。标准化应当放在图书情报检索现代化的重要位置上加以考虑,各行其是是不行的。因此,应当加强集中领导,统一组织,统一规划,统一技术标准,以及机构之间的互相协作和协调。

建设现代化检索网络,必须具有现代化的设备、现代化的管理技术、现代化的管理人才。现代化的设备,主要指电子计算机,现代通讯设施和信号显示系统,现代的统计、记录系统;现代化的管理技术是指操纵、运行现代设备、仪器的技术,统计分析技术和现代指挥技术;现代化的管理人才,就是要求管理人员能够运用现代化的设备和管理技术。

# 第四节　图书馆业务辅导工作

## 一、业务辅导工作的意义与任务

在图书馆中,称为辅导工作的有两种不同的含义和内容:一种是阅读辅导,其对象是各种不同的读者群,这属于读者工作的范畴;另一种是业务辅导,其对象是各种类型图书馆,这属于业务联系和交流的范畴。

图书馆业务辅导工作,也称方法研究工作。它指的是在一个地区或一个系统内,大型馆或中心馆对本地区、本系统的中小型图书馆进行业务上的帮助和辅导,组织各馆相互学习,交流工作经验,研究业务问题,更好地发挥所有图书馆的作用。

在一个省(市、自治区)的范围内,省馆一般是规模较大的综合性的公共图书馆,具有更为广泛的社会活动基础,便于把各个系统的图书馆联系起来,自然容易形成为该地区的图书馆联络中心。一般情况下,省中心图书馆委员会和省图书馆学会的办事机构,大都设立在省馆内,这样就更便于省馆与各个系统的图书馆和从事图书馆业务研究的个人产生了多渠道的联系。因此,从一个地区来讲,省馆是处在这样一种上下贯通、纵横连接的枢纽位置上,起着业务交流中心的作用。这一作用的发挥,主要是依靠业务辅导工作来实现的。

建国以来,我国图书馆事业有很大发展,新建了各种类型图书馆。这些图书馆的大部分工作人员都没有受过图书馆学专业教育,他们对于藏书搜集、藏书整理、藏书保管,以及读者服务工作的组织等,缺乏基本的知识。因此,迫切需要通过业务辅导工作,帮助新建的各种类型图书馆建立起正常的工作秩序和工作制度,提高这些图书馆工作人员的业务水平和工作能力。从这个意义上来说,业务辅导工作是培养图书馆专门人才、推动图书馆事业发展的一项重要工作。

开展业务辅导工作,必然要与辅导对象加强联系,以便掌握本地区图书馆工作的情况和动态。但是,业务辅导工作不能停留在业务联系的水平上。要在掌握本地区图书馆工作动态的基础上,对情况进行综合分析,开展业务研究,从中找出规律性的东西,以指导和推动图书馆工作。因此,业务辅导工作不仅仅是行政事务工作,而且是一项业务性很强的工作。业务辅导工作的开展,可以促进图书馆学的理论研究,进一步丰富图书馆学的内容,发展图书馆学。

图书馆事业是一个发展着的有机体。各地区、各系统图书馆之间,不是彼此孤立的,而是相互联系的,而且要逐步建成一个统一的图书馆网。这个建设图书馆网的工作,主要是由省馆研究辅导部承担的。所以业务辅导工作又是图书馆事业组织工作的重要组成部分,它能够促进图书馆的网络化建设。

开展业务辅导工作,是社会主义图书馆事业的特征之一。只有在社会主义国家里,在国家集中统一领导下,全国的图书馆才可能组成一个有机整体,为图书馆开展业务辅导工作创造有利的条件。我们国家对图书馆业务辅导工作一向是很重视的。1955年中央文化部在"关于加强与改进公共图书馆工作的指示"中,就把业务辅导工作规定为图书馆的一项主要任务。1956年召开的全国图书馆工作会议再次强调了业务辅导工作应是图书馆的主要任务。1958年召开的一次全国性的图书馆工作会议又明确指出社会主义图书馆要做到辅导基层,并要求有关的图书馆立即组成辅导网。

近几年来,全国公共图书馆业务辅导机构日趋健全,辅导干部的专业素质有所提高,许多省、市还召开了图书馆工作会议,对业务辅导工作进行了专门研究,明确要求省、市公共图书馆要切实加强对基层馆(室)的业务辅导工作。

根据历次图书馆工作会议的精神和当前我国图书馆事业的实际情况,业务辅导工作的任务是:

1. 协助有关领导部门制定本地区、本系统图书馆事业的发展规划,有计划地发展各种类型图书馆,组建为科学研究和广大群众服务的图书馆网。

2. 对本地区、本系统图书馆进行业务辅导,总结、交流图书馆工作经验,促进图书馆事业的发展。

3. 搜集、整理并保管图书馆学专业书刊资料,办理图书馆学会的日常性工作,组织并推动图书馆业务研究,推动图书馆学的发展。

4. 培训图书馆在职干部。

为了有效地完成上述任务,各省、市、自治区应建立一个上下沟通的业务辅导网。业务辅导网应以公共图书馆为中心。这样,才便于深入开展业务辅导工作,提高业务辅导水平。

### 二、业务辅导网的组织

业务辅导网的组织形式有以下三种:

1. 分系统辅导,按专业分工。我国图书馆业务辅导网,大都是按系统建立的。在同一系统内,采取层层辅导的原则。例如在公共图书馆系统内,省馆在业务上辅导本省的市、县馆;市、县馆辅导所在地区的基层图书馆(室)。这样就形成了一个上下贯通、分级辅导的公共图书馆系统的业务辅导网。

在同一地区内,可以按各馆的专业性质,分系统进行辅导。各级公共图书馆不但是本系统的业务辅导中心,而且要协助其它专业系统,如工业系统、医药系统、学校系统、工会系统等,建立起各自的辅导网,并按系统开展业务辅导工作。

2.分层辅导,分片包干。在一省、一市(县)范围内,除贯彻执行层层辅导的原则外,还可将本地区各类型图书馆分成若干个辅导片。在每个片内,指定地点适中,基础较好、干部力量较强的图书馆为核心馆,负责本片内同级的各馆的业务辅导工作。省馆或市、县馆只直接辅导各核心馆。此种方式较多地用于市、县馆对基层图书馆(室)的业务辅导。但有的省、市馆也采用这种办法,以省、市内各专区(区)为单位,划分为若干个辅导区,并以专区所在地的市馆(区)为核心馆,通过核心馆辅导其它系统的图书馆。

3.分专业与分片相结合。根据实际需要,在一个省、市的范围内,可把前两种方法结合起来使用。在各类型图书馆较集中的大城市,采用按专业分工,分系统辅导;在基层馆较多、分布面较广的市、县中,采用分层分片辅导的办法。在某些大城市还可以把二者交叉并用,各级公共图书馆仍在其中起核心作用。

上述的第一种方法既可发挥各系统图书馆的积极性,密切各系统图书馆之间的关系,也能解决公共图书馆辅导其它专业图书馆可能遇到的实际困难;第二种方法可以避免一馆负担过重的现象,又能使各系统、各级图书馆都可以得到业务上的辅导,可克服因公共图书馆力量不足而造成的空白点;第三种方法集中了前两种方法的优点,加强了各系统、各级图书馆之间的联系,从而使业务辅导工作的质量不断提高。

业务辅导网的各种组织形式,都是在开展业务辅导工作的过程中创造出来的。它有利于开展大面积辅导,使业务辅导工作经常化、制度化。

**三、业务辅导活动的特点**

就一个具体的图书馆来说,业务辅导是一种对外联系和业务交流的工作。它与图书馆内部的业务工作不同,是有其特殊性的。正是这些特殊性,决定了业务辅导活动在人才培养过程中的特殊作用。业务辅导活动的特点是：

1. 业务辅导活动的知识性。业务辅导活动实质上是一种图书馆专业知识的传递活动。辅导人员通过多种形式的辅导活动，向被辅导对象传授和介绍图书馆基本业务知识，使他们掌握从事图书馆工作的技能和方法。通过业务辅导活动的知识性内容的传授，会缩短一大批中小型图书馆工作者掌握图书馆工作方法的进程，为做好图书馆各项业务工作打好基础。

2. 业务辅导活动的实践性。由于业务辅导是一种发展智力、培养能力的培训活动，所以不仅涉及到知识的积累，还涉及实际能力的训练。因此，在传授图书馆基本业务知识的基础上，必须扩大和加强辅导活动中的实践环节。社会的进步和新技术的发展，要求大型馆或中心馆为中小型馆培养出既具有一定专业知识、又具有开创能力的智能型干部。而培养这种智能型干部仅仅依靠传授一般的专业知识是不行的，一定要结合图书馆工作实践，进行具体指导才能实现。业务辅导活动的实践性特点，决定了它必须致力于实际工作能力的培养。只有这样，才能使业务辅导取得好的效果。

3. 业务辅导活动的针对性。在业务辅导工作中，必须从实际出发，因地制宜，根据不同情况，采取不同的辅导方法，切忌一成不变。如果老是使用一套固定的方法，套来套去，就不会有好的效果。或者把甲地的经验，生搬硬套，用在乙地，不但行不通，反而会引起副作用。对外地的经验，要善于学习使用，一定要和当地情况结合起来，加以改进和发展，才会起到一定的促进作用。要针对被辅导对象的不同要求，进行有的放矢的辅导。

**四、业务辅导工作的内容和方法**

在我国，中央文化部颁布的《省、市、自治区图书馆工作条例》规定，图书馆业务辅导部门的名称为"研究辅导部"。顾名思义，它除了担负业务辅导的任务外,还担负着业务研究的任务。这两项任务是不可分割、密切联系的。为了不断提高业务辅导工作的水平,就必须认真地开展业务研究,缺乏研究的力量和水平,就说不上高质量的业务辅导;而业务辅导工作的实践又是开展业务研究课题的源泉,它不断地给研究工作提供迫切需要解决的研究课题。把业务研究工作的成果及时运用到业务辅导工作中去,又能促进整个图书馆工作水平的提高。因此,业务辅导与业务研究是相互依存、互相促进的。因此,业务辅导部门所承担的业务辅导工作的内容也就相应地包含了两个基本方面:一是开展业务辅导工作,另一个是开展业务研究工作。这两者不能偏废,必须有机地结合起来。但是,业务研究不能仅由业务辅导部门的人来承担,更为重要的是应当组织广大图书馆工作者来进行研究。这是因为图书馆业务工作有许多工序和环节,在各个工序和环节从事业务实践的人最了解问题的症结所在,他们参加研究,就能够有的放矢地提出解决问题的理论和方法来。

业务辅导工作的对象是本地区、本系统所属的图书馆。由于各馆的性质、任务、工作条件不同,因而对各馆的辅导,必须依据各馆的具体情况,采取不同的方法。

调查研究是业务辅导工作的起点,是开展辅导工作的依据。调查研究必须贯穿于业务辅导工作的全过程。在调查研究的基础上,抓好典型,突破一点,取得经验,然后利用这种经验去指导其它单位,这是图书馆开展业务辅导工作的重要方法。要抓好典型,就必须深入实际,在全面了解情况的基础上,发现问题,提出问题,又带着问题深入实际,找出解决问题的方法,使典型经验具有普遍的指导意义。只有推广这样的经验,才能起到带动全局的作用。

为了及时推广总结出来的经验,各图书馆大都采用书面辅导和实地辅导的方法。所谓书面辅导,就是将那些具有普遍指导意义的经验,编印成定期或不定期刊物,分发给本地区、本系统的图书馆,供学习参考。当然,编印业务参考资料要有针对性,做到有的放矢。还应注意材料的来源和它的真实性,对于典型经验的报道,要有事实,有分析,言简意明,具体实在;反对浮夸,说假话、空话、大话。每一典型经验,都应是对实际工作的科学概括,能对实际工作起指导作用。办刊物、印发业务参考资料,是进行大面积辅导的一种方式;这样做,有时还不能解决某个图书馆的具体问题,必须通过实地辅导,深入到一馆中去进行指导,帮助解决具体问题。

为了摸索一套同类型馆能够适用的工作方法,或是为了解决各类型馆普遍存在的共性问题,在业务辅导工作中,通常还采用重点辅导的方法。所谓重点辅导,是指辅导馆在本地区或本系统的许多图书馆中,选择一两个馆作重点辅导,辅导人员深入现场,用较长的时间参加其具体工作,了解他们贯彻方针任务和开展业务活动的情况,总结出带有普遍性的经验,及时推广,指导同一类型馆的工作。在选择重点辅导对象时,既要抓先进的馆,树立榜样,也要抓基础较差的馆,进行重点帮助;既要抓近处的点,也要抓远处的点。近处的点,便于组织参观,远处的点可以培养成为该地区的辅导核心。对重点辅导对象的培养,既不能放任自流,也不要包办代替,辅导人员要与基层馆员密切合作,共同研究,使他们在实际工作中提高独立工作能力。

为了更好地实现点面结合,以点带面,保证大面积业务辅导的质量,很多图书馆的做法是在辅导工作全面铺开之后,及时地继之以巡回辅导,使重点辅导与巡回辅导相结合。所谓巡回辅导,是指辅导馆有计划、有步骤地派出人员深入基层,分批分期,依次进行的实地辅导方式。采取这种辅导方式,要有明确的目的性。去哪些图书馆,主要解决哪些问题,在事前应有充分的准备,并做好工作计划。要注意薄弱环节,给予他们更多的帮助。对边远地区或兄弟民族地区图书馆,应加强巡回辅导,以便发现问题,及时帮助解决。在巡回辅导过程中,还可以发现典型,并及时推广其经验,以带动全面。

选择工作较好的图书馆召开现场会议,是推广先进经验、开展大面积辅导的好办法。参加现场会的图书馆代表,不仅能听到先进馆的经验介绍,还可以通过参观、讨论,使理论与实践相结合起来,对各馆会有更大的帮助。

辅导馆采用短期培训班、专题业务讲座等方式,是一种集中辅导的办法。这种办法可以普遍提高各馆馆员的业务水平,解决各馆的一般问题。但是对于各馆的特殊问题则不易得到解决。因为学员们在短期训练之后,所获得的知识不一定都能消化,而且随着事物的发展变化,又可能产生新的问题。所以在集中培训之后,还应该根据具体情况,对他们进行个别辅导。在个别辅导的过程中,所发现的具有普遍性的问题,可以为以后集中培训作参考。

解答业务咨询,也是业务辅导工作常用的方法。各个被辅导馆把他们在业务工作中遇到的问题,向辅导馆提出口头的或书面的询问,由业务辅导人员予以解答。解答业务咨询以后,要做好记录,以便事后综合分析研究,从中发现存在的问题,特别是带普遍性的问题,再采取相应的措施,集中解决。

为了做好业务辅导工作,有必要建立业务辅导工作档案,以便积累资料,为分析研究工作提供必要的依据。业务辅导工作档案内容应包括:综合的和专题的调查报告,各种基本情况的调查表、统计表,各馆全年的或单项的工作计划和工作总结,各种图书馆工作会议、图书馆干部培训班的计划和总结,开展竞赛评比的计划,总结和先进馆、先进个人事迹的材料,其它各种典型材料等。

作为重点辅导对象的图书馆(室),应该建立专门档案。这种专门档案所搜集、保存的材料要比较全面、系统,这有利于对各种不同的典型,进行分析研究,总结成功的经验,以求有效地指导全面。对存档的材料,要进行选择,保留那些说明某一个问题价值的、对今后业务辅导工作有参考意义的。

　　业务辅导工作是一项政策性、群众性、业务性都比较强的工作。从工作方法上看,并没有一个固定的模式,一般是先抓重点,培养典型,取得经验后,再召开专业会议或举办短训班,推广典型经验;再组织力量,开展巡回辅导,以避免"回生"现象;然后再抓重点,再集中,再巡回。这样有目的地反复进行,就可以使业务辅导工作逐步深入,不断提高。

# 第六章　图书馆工作

## 第一节　图书馆工作体系

### 一、图书馆工作流程

无论哪一个图书馆,其业务工作都是从文献搜集工作开始的。文献搜集是整个图书馆工作的基础。

这里所讲的文献是广义的,是目前国际上通用的定义。《文献情报术语国际标准(草案)》(ISO/DIS5127)对文献一词下的定义是:"在存贮、检索、利用或传递记录信息的过程中,可作为一个单元处理的,在载体内、载体上或依附载体而存贮有信息或数据的载体。"如用比较通俗的话来讲,文献就是记录一切人类知识信息的载体。因此文献按载体的形式来分,有金石、甲骨、简策、纸张、胶片、胶卷、磁带、磁盘等等。这些不同形式的文献,都是图书馆收藏的对象。

做好文献搜集工作,首先要确定本馆的收藏原则、收藏范围、收藏重点和采购标准;其次要了解本馆藏书情况、藏书总的动态、书刊的种类与复本数、各类藏书的利用率,以及哪些书刊应剔除,哪些书刊要补缺等等。另外,还要了解并掌握各出版社的性质、出版计划、书店的发行计划等等。在此基础上,采取选购、订购、邮购、委托代购和交换、接收、征集、复制等方式源源不断地补充藏书。

　　图书馆通过上述方式获得各种文献以后,紧接着的工作就是登录。这是任何图书馆都必须进行的一项工作。图书登录有两种,即个别登录和总括登录。个别登录一般是按每册书进行的,每册书给一个号码,作为这册书的财产登录号。个别登录要将每册书的书名、著者、版本、书价、来源,以及登录号码等逐项记入"图书财产登录簿"。它是检查每一册书的入藏历史的重要依据,根据它可以查清每一册书的入藏日期、来源、价格及它何时被注销和注销的原因等。总括登录是按照每批收入图书的验收凭证(如收据、拨交或赠送图书的目录等)或者每批注销图书的批准文据,分别将每批书的总册数、总价值、各类图书的种数、册数等登入"图书馆藏书总括登录簿"。通过总括登录,可以了解和掌握全馆藏书的总册数、总价值、来源和去向,实际藏书量及各类图书的入藏情况等等。两种登录制度,虽然对图书做的是双重登记,但工作并不重复。总括登录回答图书馆收进、注销和实存图书的总数和总价,起藏书总账的作用;个别登录只具体反映收进和注销的个别图书,它起明细账的作用,也就是图书馆藏书的清册。

　　经过登录的各种文献,还需要进行加工整理。文献的整理包括分类、标题、著录和目录组织等内容。

　　所谓分类,就是把登录过的各种文献,根据一定的要求和图书资料分类法,分门别类地组织起来,使每种文献在本馆所采用的分类法体系中占有一个适当的位置和号码。这样就可把内容相同的集中在一起,不同的区别开来,在内容上构成一个有条有理的逻辑体系。

　　文献分类的作用是多方面的,它既可作为排列图书、编制分类目录和各种书目的依据,也可供进行统计、新书宣传、参考咨询、文献检索工作的使用。所以,文献分类是图书馆业务工作中一项很重要的工作。

文献分类的主要工具是图书资料分类法。它通常由类目、号码、正表、附表、说明和索引等组成。目前,我国较为广泛使用的分类法有:《中国图书馆图书分类法》、《中国科学院图书馆图书分类法》、《中国人民大学图书馆图书分类法》、《中国图书资料分类法》、《国际十进分类法》等。

　　在分类工作过程中,分类人员要对图书作者的立场观点、图书的科学内容、图书的实际用途进行判别,然后将其纳入到所采用的分类法体系当中去。可见这是一项具有思想性和科学性的业务工作。要做好这项工作,要求分类人员具有正确的立场和观点,熟悉和掌握所采用的分类法以及一定广度和深度的学科知识。

　　所谓文献标题,就是从文献主题,即图书资料研究、论述的对象来揭示文献的内容,也就是对文献进行主题标引。主题标引的方法,也被称作主题法。主题法是图书馆中揭示和组织图书资料的一种手段。它和图书分类法一样,都是从图书资料的内容出发,去揭示图书资料,但角度不同。图书分类法主要根据图书内容的学科性质,以类目名称和分类号来揭示和组织图书资料,分类法体系是建立在科学分类的基础之上的。主题法是根据图书内容所讨论的主题范围,以主题词来揭示和组织图书资料的。主题是图书资料所阐明的主要问题和对象,用规范化的语言把主题表示出来,这个规范化的语言就称之为主题词。由此可见,主题法体系是建立在语言的基础之上的。

　　根据主题法的原则和方法,将规范化的主题词按照一定的方式排列成表,就叫做主题词表。它是主题标引工作中的一个重要工具。过去我国图书馆界大多采用传统的标题表。后来,陆续编制了一些新表,其中具有代表性的是三机部 628 所的《航空科技资料主题表》和综合性的《汉语主题词表》。

　　主题标引的一般方法,就是根据图书资料所论述的主题,在主题表上找出适合于这个主题概念的主题词,作为其标识和检索的依据。

分类和主题标引是揭示图书内容的主要手段,图书著录则是揭示图书形式的主要手段。所谓著录就是将图书的形式特征作最必要的记录,要求能够依据该形式特征准确无误地确认该种图书,以提供查找图书的准确线索。图书的形式特征包括:书名、著者、出版地、出版者、出版期、版刻、版次、页数、开本、装帧、价格等。把这些著录事项按照一定规则和形式组织成的一条图书记录,就称之为一条款目。款目分为两类:基本款目和辅助款目。在我国,以书名项为标目的款目叫做基本款目。

技术加工是图书馆中文献整理工作的最后工序,包括制书袋卡和贴书标等。

图书馆目录是指揭示本馆藏书的目录。它是图书馆宣传报道文献的基本工具;对读者或用户来讲,目录是检索文献的工具,是打开图书馆这个知识宝库的钥匙。

目录是由一条条的款目组成的。款目是组成目录的单位。没有著录便没有款目,没有款目便不可能有目录;有了款目,如不加以组织,仍然起不到目录的作用。因此,图书馆编目工作的基本过程是:先对图书进行著录,即制作各种款目,然后对各种款目进行组织,即把款目联结成一个整体。

目录的种类很多:按使用对象划分,有读者目录和公务目录;按编制方式划分,有分类目录、书名目录、著者目录和主题目录;按目录反映出版物的类型划分,有图书目录、期刊目录等;按目录的物质形态划分,有卡片目录、缩微目录、磁带目录等。由于任务和条件的不同,各个图书馆目录的种类和套数也不相同。但各种目录必须加以协调,使之互相联系,形成一个高效能的、合理的目录体系。

书刊资料搜集到馆,经过登录、分类、主题标引和著录之后,一方面要将各种款目组织成目录,另一方面还要将藏书加以组织。

藏书组织包括:书库划分、图书排列和图书保护。

书库划分与藏书的划分是紧密相联的。大型图书馆总是把所藏的全部书刊资料划分为几个不同的部分,例如,图书与期刊,普通书与善本书,常用书与不常用书等。在划分藏书的基础上,组织成不同用途的书库。

大型图书馆一般都设有基本书库,这是全馆的总书库。另外还设有与服务机构相适应的辅助书库。有些大型图书馆,还根据出版物类型的特点和特殊用途单独设立特藏书库;为了保存藏书和满足读者的急需,它们还将每一种图书,抽出一本作为保存本,并设置保存本书库。保存本除特殊需要外,一般不外借,供特殊需要者在馆内查阅。

图书进入书库之后,无论是图书管理还是服务工作,都要求把图书按照科学的方法排列起来。排列图书的方法很多,常用的有两种:一是分类著者号排列法,即把图书先按分类号排,同类号的图书再依著者号排列;另一种是分类种次号排列法。这种排列法与分类著者号排列法的不同之处,就是把著者号换成种次号。种次号就是一类之中到书的顺序号。

采用不同的排列法,图书就具有不同的排架号。排架号是排列图书的依据,它告诉人们图书在书架上的准确位置。读者借阅图书要利用排架号索书,所以排架号又可以叫索书号。排架号要打印在书标上,将书标贴在书脊的根部,供排列和索取图书使用。

图书保护是书库工作的基本任务之一。图书保护是一项专门技术,它包括:图书装订、修补、防火、防潮、防光、防霉、防虫及防止机械性损伤等。此外,图书保护工作还包括藏书清点,清点的过程也就是检查藏书保护情况的过程。

以上介绍的是图书馆藏书工作的基本过程。图书馆中还有大量面对读者的工作。读者工作是一项开发利用图书资源的服务工作。它的内容很广泛,具体地说,包括以下六个方面。

1. 发展读者。图书馆要根据本馆具体任务的要求,或按读者的工作性质,或按居住区域,或按文化水平和年龄,分期分批地进行读者登记,发放借书证。在发证过程中,必须保证重点,使本馆的主要服务对象优先取得借书的权利。同时,还要满足一般读者的需求。

读者登记即填写读者登记卡,这是图书馆建立的一种读者档案。它是了解读者情况的有效措施,应根据读者姓名字顺排列起来,以备查考。

2. 读者调研。对读者的调查研究,主要是了解其阅读倾向和对书刊文献需求的规律及其特点。这样做的目的是为了解决读者需要的多样性与藏书内容的复杂性之间的矛盾和读者分散使用图书与图书馆集中收藏图书之间的矛盾,以便最大限度地提供读者所需的书刊资料。

3. 流通推广。读者对于图书的要求是无限的,图书的内容与数量是有限的。图书馆流通推广工作就是要解决或调整有限藏书与无限需求之间的矛盾。图书的流通推广包括外借、阅览、复制、馆际互借、馆外流通等多种方式。建立各种类型阅览室,吸引读者来馆读书;开辟各种类型借书处,方便读者外借图书;建立分馆、图书流通站、巡回书车等,便利不能来馆的读者使用图书馆的藏书;建立馆际互借制度,使本馆读者能够利用国内或国外其它图书馆的藏书;通过文献复制工作,为读者获得书刊资料提供重要的手段。

4. 宣传辅导。为了充分发挥藏书的作用,扩大图书馆的社会影响,提高服务质量,图书馆在做好图书流通推广工作的同时,还应做好宣传辅导工作。宣传辅导工作的目的,在于向读者揭示馆藏,让读者更好地利用藏书,提高藏书利用率,降低图书拒借率。

宣传图书的常用方式有:新书通报、书刊展览、报告会、书评活动等等。阅读辅导包括读书内容的辅导和读书方法的辅导两个方面。读书内容的辅导主要是向读者推荐优秀的书刊,辅导读者正确地理解图书的内容,帮助读者从优秀的书刊中吸取有益的营养。读书方法的辅导主要是引导读者有目的地阅读图书,克服某些读者阅读中存在的盲目性或不健康倾向。

宣传图书和辅导阅读两者是紧密结合在一起的。宣传图书能够巩固和扩大阅读辅导的效果,阅读辅导则又直接影响图书宣传的范围和图书的周转率。

5. 参考咨询。这是读者服务工作的重要组成部分。参考咨询工作一般是围绕着文献资料进行的。读者或用户要求解答的问题,图书馆一般都是通过提供文献资料的途径使其获得知识或情报来得以解决的。参考咨询工作包括书目工作和咨询工作两个方面。书目工作主要是根据科学研究的课题,搜集、编制各种通报性和专题性的书目、索引、文摘等检索工具,供读者参考。咨询工作,主要是通过口头或书面形式解答读者提出的问题。书目工作和咨询工作两者是紧密联系、互相配合的,书目工作要适应咨询工作的需要,咨询工作也要利用书目工作的成果。

6. 文献检索。这项工作也属于读者工作的范畴。开展文献检索工作的目的,是为了广、快、精、准地向读者提供他们所需要的文献资料,以节省读者查找文献资料的时间和精力。文献检索工作包括两个部分:一是检索系统的建立和检索工具的组织与积累;另一个是根据具体课题的需要,利用书目、索引、文摘、快报、手册、词典等检索工具,查找出与课题有关的文献资料。

检索工具是进行文献检索工作的必要条件。传统的检索工具主要是书目、索引、文摘,它们是检索工具的核心。在整个检索过程中,选择适当的检索工具是很重要的。要完成特定的检索任务,就得选择必要的检索工具。检索工具,无论是手工检索工具还是机械化的检索工具,都具有存贮功能和检索功能。存贮是检索的基础,检索是存贮的目的。

检索工具是按照文献款目的一定检索标识组织排列起来的。文献的检索标识是对文献的外表特征和内容特征进行标引的结果。所谓文献的外表特征,是指文献上记明的特征,如文献篇名(书名)、著者姓名、出版年月、出版地及出版者、文种等等;所谓文献的内容特征,是指文献所论述的中心内容属于什么学科分支,探讨的是什么主题,包含了哪些关键词、分子式等等。

文献的内容和形式特征,都可以作为文献的检索标识,因而都可成为检索的途径。文献检索途径有:书名(或篇名)途径、著者途径、分类途径、主题途径、序号途径、关键词途径、分子式途径等。

上述六个方面是图书馆读者工作的基本内容。它们相互之间是密切联系、彼此配合的。比如,不搞好读者调研,流通推广和宣传辅导就会无的放矢,无所依据;不搞好宣传辅导,流通推广就要受到局限;不搞好文献检索,就不能为读者提供查找途径和手段;不搞好参考咨询,就不能帮助读者解答在使用图书馆过程中所遇到的种种疑难问题。

**二、图书馆工作体系**

图书馆业务工作内容广泛,环节甚多。这诸多内容和环节前后衔接,有很强的连续性,是一个有机的整体。

图书馆工作整个体系是由文献的搜集整理和传递使用两大系统组成的。在这两大系统中包括了搜集、整理、典藏、服务四个部分,如下页图所示:

这个工作体系是围绕着图书情报的传递作用而展开的。为了传递图书情报,必须搜集文献资料,以奠定传递工作的物质基础;为了能把文献资料中的情报广泛地、深入地揭示出来并传递出去,就必须对其内容与形式作分析综合处理;为了多次重复传递,就必须对文献资料加以管理和典藏;传递的接受者是广大读者,他们对图书情报有各种各样的要求,图书馆就要相应地开展流通、宣传、

```
                                      ┌ 订购
                                      │ 选购
                                      │ 邮购
                              搜集 ────┤ 委托代购
                                      │ 交换与接收
                                      │ 征集与复制
                                      └ 登录

                                      ┌ 著录
          搜集整理 ───────────  整理 ──┤ 分类
                                      │ 主题标引
                                      └ 目录组织

                                      ┌ 书库划分
                              典藏 ────┤ 图书排列
                                      │ 图书装修
图书馆工作体系 ──┤                      └ 图书清点

                                      ┌ 外借服务
                                      │ 阅览服务
                          流通推广 ────┤ 复制服务
                                      │ 馆际互借
                                      │ 馆外流通
          传递使用 ───┤                └ 宣传辅导

                                      ┌ 参考咨询
                          情报服务 ────┤ 文献检索
                                      │ 文献报道
                                      └ 情报研究
```

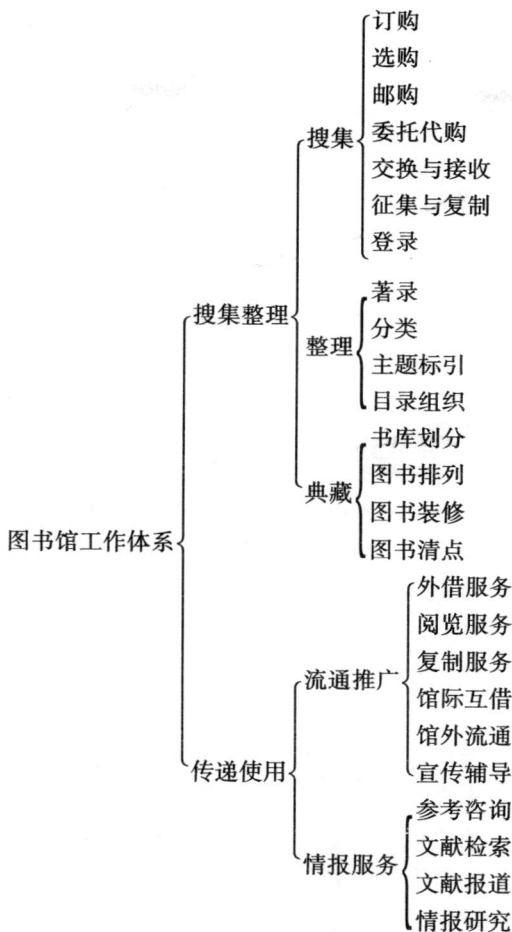

辅导、参考、报道、检索和研究等各项业务,为他们获取和利用图书情报提供方便的条件。这样,图书馆工作就会和读者发生直接联系,广泛地影响于社会的各个方面。总之,图书馆的任何一项业务工作都是紧密地和图书情报的传递作用联系在一起并为其所制约的。

这个工作体系是一个矛盾的统一体。两大系统各自处于这个体系的重要地位。它们之间是一种矛盾的关系：传递使用是搜集整理的目的，没有前者，后者也就失去了意义；搜集整理是传递使用的前提条件，没有前者，后者就不可能存在。它们互相依存，互相制约，互相促进，互相矛盾。矛盾双方的发展是图书馆工作体系发展的一种内部动力。

## 第二节　图书馆工作的基本规律

### 一、图书馆工作的社会价值

图书馆是一个人工的、开放的系统。它不断从外部（主要是书刊文献资料的出版发行部门）输入书刊文献资料，同时又不断地从内部把这些书刊文献资料输出到外界（主要是指读者）。进书，出书，借还交替，循环往复，永不停歇。这个运动过程，就是图书馆与社会联系的过程，也是图书馆以自己的工作贡献于社会的过程。

图书馆工作的社会价值，就在于真正实现图书馆的藏书价值，即让它的藏书在社会中充分发挥其作用。图书馆所收藏的书刊资料是一种信息。信息的价值表现为实用性和时间性两个方面，有实用性而过了时的信息就会失去价值；同样，及时的信息而没有实用性，更无从谈其价值了。因此，我们必须站在信息传输的方向、速度和方式这个高度，来认识图书馆工作的社会价值。

在图书馆工作中体现信息价值实用性和时间性标志分别是指采购的书刊资料新颖、准确、实用和对图书资料搜集得快、整理得快、传播得快。"快"是信息社会的一大特点，"快"就能提高经济效益。

馆藏书刊资料的价值可分为输出价值和潜在价值。输出价值是处于流通领域的、被发现、被利用的价值,实用性和时间性寓于其中;潜在价值则是指未被置入流通领域、未被发觉和利用的价值,如果不注意去开发,随着时间的流逝,就会失去其价值,造成财富损失。

　　书刊资料价值的实现,归根到底在于利用,在于流通。有用的书刊资料,没有读者,没有用户,就转变成潜在价值。所以,多渠道、多途径地扩大流通,让图书资源为社会共享,才能真正实现图书馆工作的社会价值。

## 二、图书馆工作的基本规律

　　分析图书馆工作的基本规律,必须从分析图书馆工作的基本矛盾入手。在图书馆工作中存在着各种各样的矛盾,如工作制度与读者需求之间的矛盾,图书馆读者服务工作与藏书工作之间的矛盾,图书馆第一线工作与图书馆后勤工作之间的矛盾,图书馆各个工作环节之间的矛盾,图书馆的传统工作方法与采用现代化技术之间的矛盾等等。在这些错综复杂的矛盾中,管理与利用的矛盾是主要的、基本的矛盾。它的存在和发展规定和影响着其他矛盾的存在和发展。这一矛盾是由图书馆这种社会文化现象的特殊本质决定的。图书馆工作和社会上其他文化工作的区别,就在于它通过人类创造的全部知识载体所表现的科学管理性和社会利用性。这种特殊本质就决定了它的特殊矛盾性。

　　科学管理与社会利用这一对矛盾是辩证的统一,矛盾着的两个方面是互相对立、互相排斥,但又是互相联系、互相依存的。管理是为了利用,为了更好地利用就必须科学管理。利用是图书馆工作的目的,管理是图书馆工作的手段,科学管理是为社会利用服务的。管理和利用的矛盾运动贯穿于图书馆工作的全过程,并推动着图书馆工作不断向前发展。在不同性质、不同类型、不同规模的图书馆中,这一矛盾的表现形式可能有所不同,但任何一个图书馆都必须解决怎样管与怎样用和管、用的关系问题,这是客观存在的规律。只有按这个基本规律办事,才能使人们在使用人类知识宝库的过程中,缩短时间,扩大空间,获取所需要的精神财富。

### 三、图书馆工作的基本原则

由图书馆工作的基本规律所决定,图书馆工作的基本原则是:针对社会需要,最大限度地满足社会对图书馆资源的要求。

这里所讲的图书馆资源,是泛指图书馆的藏书资源、目录资源、干部资源及劳动成果资源等。图书馆的所有工作,包括藏书工作、目录工作、读者工作和业务管理工作,都是为服务读者开发资源的工作。

社会对图书馆资源的要求,直接体现为读者的要求。读者是图书馆的服务对象,凡是具有利用图书馆资源条件的一切社会成员,包括个人和集体,都可以成为图书馆的读者。图书馆读者有不同成分、不同类型、不同的阅读需要、阅读动机和阅读方式,并在图书馆享有不同的阅读权利。每个图书馆,由于条件的限制和多种客观因素的制约,只能接纳一定范围、一定成分和一定数量的社会成员作为自己的正式读者群,同时也应尽量接待各种非正式读者群来利用图书馆资源。

读者对图书馆资源的利用,不应仅局限于藏书资源,而且包括图书馆的其它资源;不应仅局限于一馆的资源,而且还应利用不同范围的多馆的资源,实现图书馆资源的共享。

图书馆资源的数量和质量同满足读者要求的程度有着必然的内在联系。读者要求的满足是以图书馆资源的存在为前提的,没有丰富的图书馆资源作保证,当然谈不上最大限度地满足读者对图书馆资源的要求。因此,要保证满足读者的要求,就必须重视图书馆资源的建设。藏书资源是图书馆的主要资源,是满足读者要求的关键所在,科学地搜集和组织藏书是最大限度地满足读者要求的基本保证。

　　读者对图书馆资源的要求,既有社会职业的要求,又有个人爱好、兴趣的要求;既有眼前的要求,又有长远的潜在要求。读者的要求是随着社会需要的发展变化而不断丰富、扩大的。在如此错综复杂的读者要求面前,任何图书馆要想不断地提高满足的程度,必须把"读者第一"、"服务至上"作为图书馆工作的宗旨。早在本世纪初,革命导师列宁就明确提出"方便读者"、"吸引读者"、"迅速满足读者对图书的一切要求"应成为图书馆服务工作的指导思想。本世纪三十年代,印度图书馆学家阮冈纳赞提出了"图书馆学五原则",即"书是为了利用的"、"书是为了一切人而存在的"、"给读者所有的书"、"节约读者的时间"、"图书馆是个发展着的有机体"。这五条原则充分体现了阮冈纳赞的"读者至上"的基本思想。在本世纪五十年代,西方国家图书馆界提出了"服务至上"、我国图书馆界提出了"一切为了读者"、"为人找书,为书找人"的口号。这些内容基本相同的提法,尽管因其来自不同社会制度的国家而不可避免地会注入一定阶级的思想观点,但是它们都反映了图书馆读者服务工作的客观规律性,因而对各类型图书馆的服务工作都具有指导意义。

# 第七章　图书馆科学管理

## 第一节　图书馆科学管理的含义、对象和特征

### 一、图书馆科学管理的含义

什么是图书馆科学管理？现在有各种不同的说法，归纳起来有以下五种：

第一种说法认为，"图书馆工作的自动化管理就是图书馆科学管理"。毫无疑问，图书馆是要实现自动化管理的，作为一个长远目标，这种说法不能算错。但是，图书馆科学管理是一个完整的概念，它包括人员管理、经费管理、建筑和设备管理、业务工作管理、图书馆事业管理等等，决不是"自动化管理"所能包括和代替的，因为它不只是现代技术在图书馆工作中的应用问题。

第二种说法认为，"图书馆内各个工作环节之间的高度协调一致就是图书馆科学管理"。不可否认，图书馆内各个工作环节之间的高度协调一致是图书馆科学管理的标志之一。但是，仅仅有了这种协调一致并不等于科学管理。这是因为管理是一种决策，如果决策不对，协调一致可能会起更大的副作用。只有在正确决策的前提下，各个工作环节之间的高度协调一致才能发挥出积极的作用。

第三种说法认为，"低耗、高效、优质的管理就是图书馆科学

154

管理"。低耗、高效、优质,这是现代企业管理中用以衡量经营效果的三项指标,对图书馆管理有借鉴作用,但是把它作为图书馆科学管理的定义还不够准确。这是因为图书馆活动属于精神生产的范畴,而精神生产的社会效益往往具有潜在性和隐蔽性的特点,一些精神生产活动的社会效益总是曲折地转化到物质生产部门,一些精神生产活动在短时间内往往看不出其社会效益,甚至在一定时间内只有消费而无社会效益。由于精神生产具有与物质生产不同的特点,因而它的管理方式和方法也应具有特殊性。

第四种说法认为,"符合图书馆工作规律的管理就是图书馆科学管理"。这种说法比较接近图书馆科学管理的实质,符合其基本要求。遵循图书馆工作的客观规律进行管理,无疑会提高图书馆的管理水平。

第五种说法认为,"图书馆组织管理的系统化就是图书馆科学管理"。这是把系统理论应用于图书馆管理的新尝试。系统理论是在控制论、信息论、运筹学和管理科学的基础上发展起来的一门横跨诸多知识领域的综合性学科。如果把它引进到图书馆管理实践中来,必将使图书馆管理发生深刻的变化。

以上五种说法是从不同角度提出问题和认识问题的。我们应该对这些说法进行综合分析,吸收其中的合理成分,以便对图书馆科学管理进行更全面、更准确的表述。我们认为,现代图书馆的科学管理既不是传统的行政管理,也不只是从实际工作中总结出来的经验管理,更不能把它简单地概括为数学方法加电子计算机的应用。图书馆是一个系统,图书馆管理是一个系统工程。应用系统论的科学方法,按照图书馆工作和图书馆事业的发展规律,合理地组织和最大限度地发挥图书馆的人力、物力、财力等各种资源的作用,以达到预定目标的过程,以及在这个过程中所采取的一系列最优决策,就是图书馆科学管理。

## 二、图书馆科学管理的对象

概括地说,现代图书馆管理的对象就是图书馆系统。按照系统论的观点,世界上一切事物都可视为系统。在一个系统内可有若干个子系统,只有每个子系统都收到最佳效果,整个系统的科学管理才处于最佳状态。我们认为,现代图书馆系统主要包括三个子系统,一是收集整理子系统,二是流通服务子系统,三是财务、设备供应子系统。这三个子系统结合成为一个相互作用、相互依赖的并具有特定功能的系统层次结构。现列表如下:

图书馆系统
　收集整理子系统
　　收集二级子系统
　　整理二级子系统
　　典藏二级子系统
　流通服务子系统
　　宣传二级子系统
　　外借二级子系统
　　阅览二级子系统
　　参考二级子系统
　　检索二级子系统
　财务设备供应子系统
　　财会二级子系统
　　设备供应二级子系统

如果我们把上述子系统的各个要素进行分解,那么就会发现图书馆系统是由人员、藏书、建筑、设备、经费、技术方法等要素构成的。这些构成图书馆系统的要素就是现代图书馆管理的具体对象。现代图书馆科学管理的目的,就是根据图书馆的既定目标,合理地组织这些要素,并择其最优的组合方法,使之成为一个互相联系、互相制约、互相促进的有机整体,最大限度地提高图书馆系统的功能,为广大读者服务。

图书馆系统,是图书馆工作作为一种社会分工而独立存在之后,人工构成的社会的一个子系统。它是一个开放系统,与外界不断有物质、能量和信息的交换。人类增长的知识以及大批人力、物力、财力的投入是系统的输入;对外提供的各种图书情报是系统的输出。正是由于图书馆系统的开放性,它才有可能形成有序结构,而为社会所利用。

### 三、图书馆科学管理的特征

现代图书馆的科学管理,在方法上是管理过程的系统化。系统化管理是现代图书馆科学管理最本质的特征。这个本质特征把现代图书馆管理同传统的行政管理和经验管理区别开来了。从传统的行政管理和经验管理到系统化管理经历了一个由简单到复杂、由低级到高级的发展过程。系统化管理是图书馆管理的最新阶段,它具有以下三个显著的特点:

1. **整体性。**把图书馆看成是一个系统,把图书馆的一切活动看成是一个整体。要使图书馆的一切活动处于良好的运动状态,应具备以下条件:

第一,必须有现代的管理思想。要实行现代图书馆的科学管理,就不能因循守旧、安于现状、固步自封,津津乐道于已有的管理经验,而应该不断学习,勇于革新,开拓图书馆工作和图书馆事业建设的新局面。

第二,必须有科学的方法和手段。应当对图书馆系统各层次、各环节进行质的划分并规定量的比例,逐步建立起图书馆系统各层次、各环节的数学模型,实行定额管理。工作定额是指每个图书馆工作人员在一定的时间内,保质保量地完成一定的工作量。实行定额管理,是图书馆劳动组织的一个重要内容。只有实行定额管理,要求在一定的时间内完成一定的工作量,达到一定的指标,才能提高工作效率,保证工作任务的完成。另外,要辅之行政管理和经济管理等多种管理手段,推动图书馆管理水平的不断提高。

第三,必须有严格的规章制度。要使图书馆系统正常运动,必须有严格的规章制度。否则,工作无依据,办事无准绳。

第四,必须有统一的业务标准。图书馆的各项业务活动必须规格化、条例化。

第五,必须有合理的智力结构。所谓合理的智力结构,也就是本馆的人才结构要成比例。就图书馆业务人员而言,有的同志经过调查研究和科学分析后,提出了建立 1:3:9 或 1:5:15 的人才结构比例,即 1 名高级馆员配 3—5 名馆员,1 名馆员配 3—5 名助理馆员。这当然是从整体上讲的,是否合理,还有待实践来检验。图书馆的类型不同,性质不同,基础不同,智力结构也应各有不同。

以上五个方面,是构成图书馆活动整体性的基础。在管理过程中,要注意处理整体与局部,物力与人力,定量分析与人的主观能动性等各方面的关系。

2. 关联性。图书馆系统中的各个环节、各个层次都是相互关联、互为因果的。因此,在解决问题时要十分注意事物的因果关系。例如,拒借率是图书流通工作中存在的重要问题,但产生拒借率,有藏书建设工作方面的原因,有藏书整理与目录组织工作方面的原因,有流通借阅工作方面的原因。要全面地分析各个工作环节造成拒借的具体原因,加强全馆各部门业务工作的联系和协作,建立岗位责任制,才能从根本上降低拒借率。

3. 均衡性。图书馆系统是一个运动系统。在运动过程中,不仅要取得与外部环境的平衡,而且要取得动态的体内平衡。所谓图书馆与外部环境的平衡,即要求图书馆的全部活动目的都要与一定社会的政治、经济、科学及文化教育的发展相适应,从而满足多层次的社会需要。所谓图书馆内部的均衡,即要求各子系统的目标必须服从图书馆系统的总目标,保证图书馆与外部环境均衡的实现。例如:目录组织体系与藏书组织体系间的平衡,备查性图书与流通性图书之间的平衡,建筑设备与日益增长、类型复杂的书刊资料之间的平衡,人员配备与各项业务工作的需要之间的平衡等等。总之,要努力实现图书馆系统各环节、各层次协调均衡的发展。

综上所述,整体性、关联性、均衡性共同构成了现代图书馆科学管理的特征。它要求把图书馆看成是由许多既有分工又相互联系、相互依存的要素的统一体。图书馆科学管理必须从全局出发,而不是从局部出发;分析管理过程中的问题要用发展变化的观点,而不足用孤立静止的观点;解决管理过程中的问题应顾及图书馆系统内各环节、各层次之间的固有联系,而不能把相关的环节割裂开来去解决管理问题。

## 第二节　图书馆科学管理的意义和原则

### 一、图书馆科学管理的意义

实行科学管理是图书馆工作和图书馆事业发展所提出的要求,其重要意义在于:

1.科学管理是图书馆工作的整体性和图书馆事业具有全国规模的需要。图书馆工作是在科学发展和社会进步的推动下不断向前发展的。它自身同样经历着又分化又综合的过程。在科学交流系统中分化出图书馆系统,图书馆系统中又分化成各种子系统和二级子系统;这些子系统和二级子系统又互相依赖,互相制约,不可分割,共存于图书馆系统的统一体中,共同完成向社会提供图书情报的任务。

当今,图书馆工作结构日趋复杂化。这就使图书馆的科学管理问题显得特别重要。马克思曾深刻地指出:"一切规模较大的社会劳动或共同劳动,都或多或少地需要指挥,以协调个人的活动。"(《马恩全集》第 23 卷 367 页)"一个单独的提琴手是自己指挥自己,一个乐队就需要一个乐队指挥。"(《马恩全集》第 25 卷 431 页)马克思所说的"指挥",就是指管理。进行科学的管理,是图书馆工作顺利开展的基础。没有科学的管理,必然导致图书馆工作的分散、重复、混乱和浪费。图书馆工作的水平,说到底,就是科学管理图书馆工作的水平。

随着人类社会的进步和科学文化的发展,图书馆的数量不断增多,类型不断增加,同读者的联系面更加广泛。这说明图书馆已不是孤立的单个的存在,而是一个社会化的有机的整体。因此,需要通过科学管理密切图书馆与图书馆之间、图书馆与读者之间的联系。

图书馆事业是由各种不同类型的图书馆组成的。要使具有全国规模的图书馆事业布局合理,使之协调而又有计划地发展,必须对全国图书馆事业实行科学管理,以便把丰富的图书情报资源当作全社会的共同财富,有效地加以开发和利用。

2.科学管理是有效利用情报资源的需要。情报是人与人之间用于通讯交流的信息,它广泛存在于人类社会;它的内核是特定的知识;它又是动态的概念,情报凭借运动而显现,凭借运动而发挥作用。因此只有运用科学的方法加以处理,情报才能被人们所利用。

书刊资料是主要情报来源,是情报存在的一种理想的物质形态。如何将书刊资料中的情报内容及其价值充分地揭示出来,使其成为有条理的知识系列;怎样对情报加以压缩、精炼和提纯,去除其中的"水分"和"杂质",使其变成浓缩情报、纯情报,都必须借助于科学的理论和方法。在文献量激剧增长的当代社会里,要求图书馆对数量庞大、内容复杂的文献资料进行准确的挑选和科学的整理加工，以便及时地将情报传递到科研人员手中，没有科学管理工作是根本不可能的。所以科学管理是有效利用情报资源的前提。

3.科学管理是实现图书馆工作现代化的需要。图书馆组织管理科学化，既是图书馆工作现代化的重要内容，也是实现图书馆工作现代化的基础，没有图书馆组织管理科学化，也就无法实现图书馆工作的现代化。例如，要建立起拥有先进的技术和设备、能够迅速准确地将文献资料传递到读者和用户手中的现代化检索网络，就必须加强对图书馆工作和图书馆事业的科学管理。不实行科学管理，不提高科学管理水平，即使有了先进技术和设备，也不能充分发挥作用。现代化检索网络的建设，不仅取决于现代化的技术和设备，而且也取决于科学管理的水平。

**二、图书馆科学管理的基本原则**

图书馆科学管理应遵循以下基本原则：

1.集中管理。这是社会主义图书馆事业科学管理的重要原则。集中管理包括两方面的内容：一是指图书馆事业建设要实行集中统一的管理，以便协调全国各系统、各地区图书馆的工作，有目的地规划全国图书馆事业的发展，组织全国性的图书馆网。二是指图书馆业务技术工作的集中管理，即实行图书馆业务技术工作的标准化，其中包括统一分类、统一编目等等。

2.民主管理。这是社会主义图书馆科学管理的又一重要原则。所谓民主管理，就是吸收图书馆工作人员和读者代表参加图书馆的管理工作。图书馆可以建立在党领导下的有馆员和读者代表参加的民主管理组织。建立这个组织的目的是促进图书馆的科学管理，它在图书馆管理中起着参谋作用。其任务是：①对图书馆工作提出合理化建议和改进意见；②督促工作计划的执行；③对专业人员的安排和使用提出建议;④对领导干部的工作进行监督等等。

3.计划管理。这也是社会主义图书馆科学管理的重要原则。图书馆的计划管理就是要发挥工作计划在管理过程中的作用。工作计划是根据客观实际情况和工作任务的要求,预先确定开展工作的目标、措施和步骤以及方法等等。工作计划可分为全馆计划、部门计划或某一项工作的专门计划。制订工作计划必须从实际出发,留有余地。在执行计划的过程中要随着客观情况的变化对计划作适当的修改。如果工作无计划,就不能有效地组织各种业务活动。因此,正确地制定和执行各种工作计划是图书馆科学管理中不可缺少的环节。

4.注重经济效果。注重经济效果,就要研究如何合理地使用人力和经费,最充分地发挥图书馆各种设备的能力,建立最优化的情报资料的收藏系统和服务系统,以及与之相适应的各种科学的规章制度和条例。要力求用最少的经费补充读者最需要、最有科学价值的书刊资料,用最经济的劳动加工整理各种书刊资料,用最快的速度为读者提供各种资料,并使图书馆的各种设备最大限度地发挥作用,从而保证图书馆各种活动的最大效能。这些应该是科学管理所追求的目标。人力、物力、财力和时间的浪费以及无效劳动等,都是与科学管理的原则不相容的。根据我国图书馆界目前的实际情况,现在是应该强调重视经济效果问题的时候了,应当使其成为图书馆科学管理中遵循的一项基本原则。

## 第三节 图书馆科学管理的内容

### 一、现代图书馆管理的基本要求

现代图书馆管理的基本要求是管理规格化,劳动组织合理化,业务工作计量化,工作人员专业化。

1.管理规格化。所谓规格化,就是要有完善的规章条例和业务标准。所以,图书馆管理的规章条例化和业务技术标准化是构成规格化的两大内容。

规章条例是管理的依据,图书馆没有一套科学的规章条例就无法组织各项业务工作。业务技术标准化是管理的重要手段,没有统一的业务技术标准,就谈不上科学管理。

2.劳动组织合理化。以最经济的人力取得最佳的工作效果,是图书馆合理的劳动组织所要达到的主要目标。为了实现这个目标,必须:

①根据本馆的性质和具体任务,以节约人力、方便管理、减少层次、提高效率为原则,合理设立业务机构。

②根据本馆收藏的书刊资料的类型和读者需要的特点,科学地划分工序和工作范围。工序和工作范围的划分,要做到既避免工作脱节,又减少人力的浪费,力求科学和合理。

③建立岗位责任制。所谓岗位责任制,就是规定明确的职责范围,让每一个部门和每一个工作人员都承担起应负的责任,做到各负其责,各尽其力。严格的责任制是提高工作质量的重要保证。

3.业务工作计量化。数据分析是科学管理的一种手段。要进行数据分析,就必须建立系统的统计制度。有了完整系统的统计数据,才能分析出数与质的关系。统计数据能够反映图书馆的基本情况,是改进工作、提高服务质量的重要依据,对于科学办馆可以起到"耳目"和"参谋"的作用。比如,我们统计了一天之中哪段时间里读者来馆比较集中,掌握了一周内哪些天来馆读者比较多等等数据,就可以用排队论的数学方法,科学地安排工作人员的上班时间,合理地组织劳动力。同样,在掌握一定数据的基础上,我们可以运用库存论研究现有藏书空间的合理使用;运用线性规划科学地安排开馆时间、干部配备和经费的使用等等。因此,可以说,在图书馆的科学管理中,有了统计数据,就心明眼亮;没有真实可靠的统计数据,就无法进行数据加工,当然也就很难为改善管理提供准确的依据。

4. 工作人员专业化。培养一支合格的专业化队伍,是实现科学管理的必要措施。图书馆工作人员的专业化包括两个方面,一是必须具备图书馆学、情报学的基本知识和图书情报工作的基本技能;另一个是向图书文献工作专门化的方向发展。这就是要求图书馆工作人员在熟悉图书馆业务的基础上,在某一学科知识的范围内,以文献资料作为研究对象,深入学习该学科知识,熟悉该学科的各种文献,能够担负起该学科专题文献和情报服务工作。

**二、图书馆科学管理的内容**

现代图书馆的管理是通过决策、计划、组织、控制、协调实现的。它们之间不是相互割裂的,而是相互联系、相互制约,共同作用于管理运动的全过程,形成了图书馆科学管理的特定内容。

1. 决策。任何图书馆系统及其所属的子系统的管理过程,都离不开正确的决策。图书馆系统的决策,主要是方针、政策方面的决策;各项业务工作的决策,如采集书刊品种与复本数量的决策,分类法的选择,藏书划分最优方案的选择,排架方式的选择,开架与闭架方式的选择等等;人事方面的决策,包括人员智力结构的确定,人员更新与培训的方式,奖惩制度的制订等等;财务、设备方面的决策,包括经费预算及其合理分配,设备、用品的选择等等。正确的决策来源于正确的判断,正确的判断来源于周密细致的调查研究。因此,深入调查研究是决策过程中避免失误和少犯错误的重要一环。

2. 计划。这是管理过程中的一个十分重要的因素。计划是一种预测未来、确定目标、决定政策、选择方案的连续程度,是图书馆各项活动的指针,图书馆系统的各方面决策都是要通过计划去实现的。

图书馆计划包括两个基本方面：一是国家图书馆事业发展计划，另一个是一个图书馆的发展计划。

国家图书馆事业发展计划应包括：①图书馆事业总体规划。规定图书馆发展的总量与速度，确定重点与比例，平衡各类型图书馆的建设和布局；②图书馆网的发展计划。规定图书馆网的组织形式及其结构；③专业人员的培养计划。包括正规的学校教育、职业技术教育、函授教育、在职教育等多层次教育形式；④科学研究与协调发展计划。包括基础理论研究、重要科研项目、技术设备和服务手段，以及引进技术与大型协作计划等。

一个图书馆的计划，有长期计划与短期计划；有全馆计划与各个业务部门的计划；有本馆的整体发展规划与各局部的发展计划等等。

计划是由定额、指标、平衡表三部分组成的。各项定额是发展计划的基础，计划的内容和任务则体现在指标上，计划就是综合平衡，平衡表是基本手段和工具。国家图书馆事业发展计划是各分项计划的集合，一个馆的总体计划也是本馆内各个部门计划的集合。在制定各项计划时，应明确该项计划的主要任务及其在总体规划中的地位和作用，认真选取衡量该项计划发展水平的主要指标，确定发展的规模和发展速度，突出发展重点，规定适当比例，注意各项计划之间的协调。应当指出，在编制图书馆计划时，必须通过统计工作收集可靠的数据指标，并根据各项相关的指标，谋求最佳的发展方案。

3. 组织。这是图书馆科学管理的又一个重要因素。组织是发挥管理职能、实现管理目标、完成计划的保证。组织工作是一个分工的行为，同时又是一个组织各方进行协作的行为。因此，在图书馆管理系统中必须要有健全的组织机构，明确各个工作岗位的职责，确立各级人员之间的相互关系，做到职责分明，权责结合。只有这样,才能实现管理过程中的各项决策和各项计划。

4.控制。这是按既定的工作计划、标准去衡量各项工作成果,并纠正偏差,使工作按计划的方向进行。所以,控制不仅对现有工作成果进行评定,更重要的是认识和判断工作发展的趋势并为改进工作提供信息反馈。可以说,没有良好的信息反馈,图书馆就无法对自己的各项工作进行有效的控制。这是因为控制的功能是通过输入、中间转换、输出、反馈四个环节实现的。输入包括两个方面,一是物流的输入(包括人、资金、设备、物资、图书等);二是信息流的输入(包括各种决策、计划、规章制度等)。中间转换包括物流、信息流在图书馆各层次系统中的实际运动过程。输出包括品种、数量、成本等各种指标。反馈即将输出信号回收到输入端,与原给定物流、信息流进行比较,发现差异,查明原因,予以消除。这样就达到了控制的目的。反馈是控制中最重要的一环,反馈的信息有真假之分,必须对返回的信息进行去伪存真的分析,以便对图书馆系统的各个工作环节进行有效的控制,保证图书馆均衡地完成工作计划,取得最佳的服务效果。

5.协调。协调是管理过程中不可缺少的环节,它可以使图书馆事业的建设或一个图书馆的各项工作趋向和谐,避免矛盾和脱节现象。图书馆的协调,从微观角度来看,指的是图书馆内部纵向和横向的协调。纵向协调,就是要保持图书馆各层次子系统的上下平衡;横向协调,就是要保持图书馆系统各层次彼此之间的协作,以避免各个工作环节和各个部门之间发生脱节或失调现象。图书馆的协调,从宏观角度来看,是指与图书馆外部的协调。这种馆际之间的协调,也分为纵向层次的协调和横向层次的协调。纵向层次的协调指的是本系统图书馆从上至下的协调;横向层次的协调指的是与本图书馆系统方针、任务不相同的其它图书馆的协调。如省级图书馆属于公共图书馆系统,除了要与整个公共图书馆系统协调外,还要同高等学校图书馆系统、科学图书馆系统及其它图书馆系统进行横向协调,使各个图书馆系统紧密联系,均衡发展,从而充分发挥各种类型图书馆的功能,为广大读者服务。

## 第四节　图书馆工作组织

### 一、图书馆工作组织的意义和作用

图书馆工作组织,是图书馆根据其方针任务,结合本馆的具体情况,有计划、有步骤地把全馆工作进行科学安排。一方面把图书馆全部业务工作合理地组织起来,既有明确分工,又能相互配合,使全馆各项业务工作成为一个有机的整体;另一方面要采取种种措施,促使图书馆行政事务工作紧密配合业务工作,以保证图书馆方针任务的贯彻落实。由此可见,图书馆工作组织,是贯彻方针任务,开展业务工作的一种手段。图书馆工作者的积极性和馆藏书刊资料的作用能否充分发挥,在一定程度上都取决于图书馆工作组织是否合理。

图书馆工作组织属于图书馆科学管理的范畴。根据我国图书馆的实际情况,它的内容主要包括:图书馆业务机构的设置,图书馆劳动组织,图书馆人员的配备,图书馆工作计划的拟订及执行和检查,图书馆规章制度的建立,图书馆经费的预算和使用,以及其它行政事务性工作等等。它们既具有相对的独立性,又是互相联系和相互作用的。机构设置、劳动组织和人员配备,直接规定和影响着图书馆业务工作的社会效果。机构设置适当,有助于合理组织劳动力;劳动组织的改善,可以减少人员配备,提高工作效率。图书馆工作计划是本馆所有部门贯彻方针任务的指南。图书馆的行政管理和各种规章制度是图书馆完成计划,推动各项业务工作的必要手段。

图书馆各项业务工作是前后衔接、环环相扣的。如果其中某一个环节运转不灵或失误,都会直接影响其它工作环节的顺利进行,进而损害整个图书馆系统的功能。图书馆工作组织的作用就在于运用各种安排和措施,抓住业务工作的一个个环节,把它们科学地组织起来,进一步加强它们之间的相互配合,使图书馆各项工作成为一个统一的整体。

　　图书馆业务工作的中心环节是读者服务工作。图书馆方针任务的贯彻落实,主要是通过读者服务工作来体现。图书馆工作组织就是要善于抓住读者服务工作这个中心环节,带动全馆其它工作,并使图书馆的采访、分编、典藏等内部工作为读者工作服务。

　　从以上的分析可以看出,图书馆工作组织也是图书馆工作不可缺少的部分。如果缺少了这个部分,就会直接影响图书馆方针任务的贯彻落实和图书馆业务工作的开展。我们绝不能把图书馆工作组织看成是图书馆工作的辅助部分。它是推进业务工作,提高工作效率,保证图书馆方针任务贯彻落实,充分发挥图书馆社会功能的重要手段。

### 二、图书馆业务机构的设置

　　图书馆工作是一种工序很多、前后衔接、连续性强的工作。怎样把图书馆业务工作的许多工序合理地组织起来,设置一些什么样的业务机构把它统管起来,是搞好图书馆工作的一个重要条件。

　　图书馆需要设立哪些业务机构? 一般没有统一的标准和规定。各图书馆应根据自己的任务、藏书、人员、设备等因素,统一考虑,统筹安排。

　　业务机构设置首先应该考虑有利于管理,各部门之间既有明确的分工,体现各个部门的工作范围、职责;又便于相应的协作,互相补充,发挥整体的作用。机构的上下之间,分级管理,能充分调动全馆工作人员的积极性。要把那些性质相近的工序组织在一起,减少往返传递,避免重复劳动,节省人力和时间,提高各项工作的速度和质量。

一般地说,工序是设置业务部门的主要依据。按工序设置业务部门,有利于组织业务工作,便于业务部门之间的互相联系。一般地说,图书馆可以设立下列一些部门。

1.采编部门。主要负责书刊资料的采访、征集、验收、登录及注销;书刊资料的分类、编目和主题标引;书刊采购的协调和馆际交换;编制新书通报等。

2.外借阅览部门。主要负责读者登记、发放借阅证件;办理馆藏书刊的外借和阅览;管理并指导读者使用目录;宣传推荐图书,指导读者阅读;帮助读者复印资料等。

3.书目参考部门。主要负责编制各种专题书目索引;指导读者使用书目索引、文摘、题录及其它各种工具书;解答读者咨询等。

4.图书典藏部门。主要负责基本书库和保存本书库的组织管理;办理图书的出库和归架;做好图书保护工作。

5.业务研究辅导部门。主要负责本地区、本系统图书馆的业务辅导工作;组织本地区、本系统图书馆工作经验的交流和图书馆业务的研究;收集、整理并保管图书馆学专业书刊资料;有些图书馆业务研究辅导部门,还负责办理本地区中心图书馆委员会和图书馆学会的日常工作。

6.特藏部门。负责珍本善本图书和其它特藏资料的管理和流通。

由于影响图书馆业务机构设置的因素很多,所以各个图书馆的机构设置,并不是完全一致的。例如规模较大的图书馆,可以分别设立采访部和编目部;规模较小的图书馆,经常把采访与编目合并,设立采编部,把阅览与典藏合并,设立典阅部,把书目参考合并到阅览部,不另立书目参考部。我国的省、市公共图书馆普遍设有业务研究辅导部;有些大型的科学图书馆也设立了业务研究辅导部。有些大型图书馆按出版物类型把图书与期刊分开,单独设立期刊部。有些科学和高等院校图书馆按学科设置业务部门。也有许多图书馆采取先按工序,再按语种组织业务工作,采访部下面分设中文采访组和外文采访组;编目部下面分设中文编目组和外文编目组;典藏部下面分设中文书库和外文书库。有的图书馆为便于对不同类型出版物的搜集、整理和利用,专设了古籍或地方文献部门,形成了一个从采访、典藏到流通的独立系统。近几年来,为了加强情报服务工作,有些图书馆设立了情报服务部。

以上这些业务部门,依图书馆规模的大小,可以称部,也可以称组,但工作性质和范围是同样的。

图书馆的全部业务工作,是由上述各个业务部门分别完成的。各个业务部门既有明确分工和职责范围,又是相互联系的。在图书馆的全部业务工作中,读者服务工作是其中最重要的工作,藏书搜集、藏书整理、藏书保管等各项工作,都应以方便读者利用藏书作为出发点。因此,图书馆业务机构都应以读者工作为中心来组建,抓住了这一点,业务机构的设置就有了明确的方向。

## 第五节　图书馆规章制度

### 一、图书馆规章制度的意义

图书馆规章制度是指图书馆工作人员和读者都必须共同遵守并具有法规性质的工作条例、章程、规则、细则和办法。它是图书馆实行科学管理的依据和准绳,是整个图书馆工作正常而有秩序地进行的保证。

各种类型的图书馆,特别是工作内容比较复杂的大型图书馆,必须建立一套严密的、科学的规章制度。一个图书馆工作效益的大小,工作秩序的好坏,都与是否认真建立或严格执行各种规章制度有着直接关系。

严密的、科学的规章制度不仅要正确地反映图书馆业务工作和技术操作的特点和规律,成为进行业务技术工作的准绳,而且要正确地解决图书馆内各个部门、各个工序和各个环节的业务技术问题,工作人员之间的关系问题,以及图书馆与读者、一部分读者与另一部分读者之间的关系问题。

严密的、科学的规章制度应体现出人们在实践中积累起来的成功经验,也可以说是经验的法定化、条例化、规范化。它应当揭示出图书馆提倡什么、反对什么、约束什么,使图书馆的管理者和使用者都按照规章制度办事,保证工作正常地和有秩序地进行下去。

图书馆规章制度是图书馆工作实践经验的总结和概括,但随着图书馆工作的发展和人们认识的深化,它并不是一成不变的。人们应当根据客观情况的变化及时地检查规章制度,发现确实有不合理的,或者是有弊病的,就得坚决地加以改革。在改革规章制度时,要严格划分合理的制度与不合理的制度、正确的制度与错误的制度、必要的制度与"清规戒律"之间的界限。图书馆业务工作具有很强的积累性、持续性和连锁性,尤其是属于业务操作技术方面的规章制度,更要保持最大限度的稳定性和规格化,应尽量减少和避免不是十分必要的变动。对于必须要改的规章制度,破了必须要立,最好是先立后破,边立边破,以防青黄不接,难以为继,使工作发生混乱。

## 二、图书馆规章制度的建立和执行

图书馆在建立规章制度的时候,一定要严肃认真,本着"凡事慎于始"的精神,力求新订的规章制度符合实际,科学严密。建立规章制度时,需要考虑以下四方面的关系:

1.图书馆与读者的关系。图书馆制订各种规章制度,既要以便利读者为出发点,又要建立在科学管理的基础上,两者必须统一起来。所谓对读者的便利,是指对全体读者的便利,不能是便利一部分读者而妨害了另一部分读者的阅读。而且,这种便利是长远的便利,不是称便于一时,而贻患于未来。因此,需要以科学管理来保证。

2.读者与读者的关系。制定规章制度时要体现在保证重点读者需要的前提下,满足一般读者阅读需求的原则。从整体上来看,图书馆要保护多数读者的利益。例如,图书馆为了严防丢失损坏书刊资料而订立的某些制度,目的就是要保护全体读者的共同利益。

3.利用藏书与保管藏书的关系。图书馆的各种规章制度应当从便利读者利用藏书出发,但同时也要考虑到保护图书财产的完整。利用藏书是图书馆工作的目的,保管藏书是为了更好地利用藏书。图书馆工作人员应从健全规章制度和掌握规章制度方面来调整利用藏书与保管藏书的关系。在一般情况下,书库藏书以满足借阅为主,但在某些情况下,某一种书或某一类书,在一定时间内,也可以仅供读者在馆内阅览,不能作馆外流通。某书某刊只借给科学研究读者,不借给一般读者。这样做,是为了保证重点读者的迫切需要,还是从便利读者借阅出发的。

4.图书馆内部各部门的关系。图书馆内各部门的工作,是一个有机的整体。只有保持各项工作的平衡,才能保证图书馆工作的正常开展,否则就会形成工作被动,甚至混乱。全馆工作的平衡,主要指的是书刊资料的收集、整理工作与流通推广工作之间要保持平衡,应加强收集、整理、典藏等基础工作,为流通推广工作创造更为有利的条件。

建立、健全严密科学的规章制度,既是图书馆管理工作中的重要环节,又是一种极为重要的管理手段。凡所制定的各种规章制度,一旦批准生效,就应当坚决执行。图书馆的全体工作人员和全体读者,都有权监督和保证规章制度的执行。为了保证各种规章制度的贯彻执行,还要建立监督检查制度,把贯彻执行规章制度与干部考评、奖惩工作结合起来。

### 三、图书馆规章制度的内容

图书馆应当有一套既包括行政工作方面的也包括业务工作方面的制度。行政工作方面的制度主要是组织管理制度。它是图书馆进行工作的总纲领,应该对本馆性质、方针、任务、领导分工、会议、学习等问题作出明确的规定。业务工作方面的制度最基本的有以下几种:

1. 采访工作制度。它包括书刊采购的标准和办法、书刊采购工作细则。在书刊采购的标准和办法中,必须明确规定采购原则、收藏范围、复本标准、采购计划、审批手续和订购工作办法等。书刊采购工作细则是采访人员进行工作的具体守则。它的内容包括采访工作过程的操作技术、质量要求及有关的注意事项,例如调查研究、补充、交换、验收、登记、盖章、移交、注销和藏书统计分析等工作的细则。

2. 编目工作制度。它包括编目工作细则、图书分类规则、图书著录条例、目录组织规则等。编目工作细则是对编目工作的总规定。它指出编目工作的整个流程、方法依据、操作技术和质量要求等。由于编目的对象既有图书,也有期刊,它们的工作流程、方法依据以及操作技术等,多少有些不同,所以也可以分别加以规定。图书分类规则的内容主要是对分类法的选择和增补,以及对图书进行辨类和归类方法的一些规定。因为图书分类规则牵涉到分类目录组织和藏书分类排架等问题,所以制定时应充分考虑本馆的专业特点、藏书成分和读者需要等情况。图书著录条例是关于各种文字图书著录方法的规定。目录组织规则包括对目录体系和目录组织办法的规定。

3. 借览工作制度。它包括读者借阅规则、阅览工作细则。读者借阅规则主要是面向读者的。在读者借阅规则中,又可分为读者登记、借书证和阅览证的发放原则和方法、借书办法、阅览室规则、文献复制规则、赔偿规定等。阅览工作细则除对读者提出一些守则性的要求外,还要明确馆员如何接待读者和如何保管图书,规定服务范围、对象、标准等。

4. 书库管理规则。它包括保存本书库、基藏书库、辅助书库及特藏书库的划分和管理。书库管理规则要对书刊排架、出入库登记、藏书动态统计、出纳人员的职责、装修、剔旧、安全防范、清典等工作作出明确具体的规定。

除上述四种规章制度外,为了加强图书馆的科学管理,还必须制定其它一些必要的规章制度,如经费使用和管理条例、设备管理和维修条例、岗位责任制和奖惩条例等等。

所有这些规章制度,都不是孤立地制定的。在这套规章制度中,既要对馆员和读者提出明确要求,也要对馆藏书刊资料作出一些保护性的规定;既要注意处理与馆外有关方面的关系,也要注意处理馆内各部门之间的关系,还要注意规章制度的整体与部分之间、一项制度与另一项制度之间、同一制度的一条规则与另一条规则之间的前后呼应,互相衔接。

# 第六节　图书馆管理体制

## 一、图书馆事业管理体制

实现国家集中管理图书馆事业的原则是把全国所有的图书馆(不管它们所属关系如何)都联合在统一、完整的体系中,并使其活动服从全国政治、经济和文化任务的需要的重要保证。

当前,我国图书馆事业基本上属于纵向结构,各类型图书馆分属文化、教育、科研等多头领导,横向联系虽有,但不很普遍。五十年代中期曾由国家科委牵头、有关部门参加组成的图书组和全国第一、二中心图书馆委员会和九个地区性的中心图书馆委员会,但至今尚未全面恢复,馆际协作和协调工作也没有很好地开展,致使我国图书馆事业形成了分管体制,出现了分散多头、各自为政、现有图书资源难于充分利用的状况。

世界上的很多国家也存在着类似情况,但是自六十年代以来,他们为了消除分管体制所产生的问题,都相继成立了图书馆和情报的全国性统管机构。这种机构不仅是咨询性质的,而且也是职能性的统管机构。例如,美国在 1970 年 7 月 20 日由总统批准了"公共法 91—345"(91 届国会 S·1519),并根据这项法令建立了美国图书馆与情报科学全国委员会。国会肯定了这个全国委员会是最有效地利用全国图书情报资源所不可缺少的机构,这个机构有制定图书馆和情报政策的权力。苏联从七十年代开始就非常重视图书馆事业的集中化,认为集中化是图书馆工作适应现代化社会对图书情报需要的一个重要途径,认为它在建立联合目录和服务于读者的情报系统,完善图书馆的组织与管理,在工作程序上实现高度专业化和机械化及提高图书馆工作人员的劳动效能等方面都将起到推动的作用。集中化的目标是逐步地按地区建立包括所有类型图书馆的统一系统。苏联各加盟共和国大都制定了1974—1980 年图书馆集中化的计划。苏联文化部于 1975 年 2 月 3 日批准了《关于国立大众图书馆集中化的条例》。为了加强对图书馆事业的集中领导和协调各类型图书馆的活动,苏联成立了各政府部门联合组成的图书馆委员会,并制定了各政府部门图书馆活动的指导文件。此外,联邦德国、法国、瑞典等一些国家也都设立了类似的全国性机构。由此看来,我们要消除图书馆事业纵向结构的弊病,增强图书馆之间的横向联系,为开展馆际协作和协调工作提供组织保证,建立跨部门的全国性统管图书情报工作的职能机构是很有必要的。这种必要性概括起来主要是以下三点:

1.有助于消除我国目前存在的图书馆与情报单位和不同类型的图书馆之间分散多头、现有图书资源难于统一利用的状况。

2.有助于从全国着眼,作出全国规划,合理布局,统筹安排图书馆事业的发展。

3.建立全国统一的图书馆网和实现图书馆现代化,将是我国图书馆事业领域里的一场深刻的变革。这场变革过程中的组织工作将是十分复杂而艰难的,需要一个拥有政府权力的机构来具体规划和协调。

统管全国图书情报工作的职能机构的建立,将给我国图书情报事业的发展开创新的局面。它所担负的主要任务是:

1.根据国家在各个时期的总任务,确定发展图书情报事业的方针和具体政策。

2.制订图书情报事业发展规划、条例和标准。

3.统筹安排图书馆学情报学教育、科研和协作协调活动。

**二、馆长负责制**

馆长负责制是行之有效的图书馆管理体制。实行馆长负责制,就是要明确馆长在行政领导和业务管理方面的职权和责任。图书馆馆长承担着领导全馆工作的重任。他要主持制定全馆的规划、计划,进行工作总结;要考虑并不断调整、充实和改变本馆的人员结构,以便组成多层次、多学科的业务工作队伍,并不断提高工作人员的素质;要制定经费预算,掌握经费开支;要指导本馆的藏书建设和注意增添、更新设备和用品,以利于实现图书馆现代化;要抓好业务研究和经验交流,处理对外事务等。

图书馆馆长既然行使组织管理工作的职权,也应当承担管理工作的各种责任。为此,就要求馆长应该具备与他的职责相适应的能力和条件。

馆长的能力主要是管理能力,由于决策是管理过程中不可缺少的内容,所以馆长的能力也可以说是决策能力。在管理过程中,馆长必须全面掌握本馆的情况,以便做出正确的决策。为了将正确的决策付诸实施,馆长还应当具有组织调配全体工作人员的能力。

馆长应具备进取精神,即有很强的事业心和高度责任感,刻苦钻研业务,使自己成为内行或专家。为了不断推进图书馆工作,馆长必须具有变革求新的思想,发挥前瞻性目标管理的作用。所谓前瞻性目标管理,是指馆长在每一年度之初,规划本馆所预定完成的目标、阶段所需时间及衡量成果的方法,然后组织本馆各个部门共同完成预定的目标。前瞻性目标应包括新的尝试和新的做法,这样才能使本馆工作不断地有所前进。一个图书馆经营的好坏,与馆长的素质有密切的关系,馆长应懂得如何分配人力、物力、时间,如何有效地利用图书资源;馆长应在图书馆中创造有效的组织规模及优良环境,使图书馆成为有生命力的社会机构,要重视培养全体工作人员的事业心和责任感;馆长应有较强的应变能力,在处理馆务时,首先应具有客观的态度,能透过理性的标准来作选择,切忌感情用事。其次,兼容性是馆长必须具备的品德,他应当听取不同的意见,因而也才能够选择最适合于本馆的管理模式;馆长还应具有较强的情报意识,掌握国内外图书馆工作的发展趋势,以便从中吸取营养,不断改进本馆的工作。

按照民主管理的原则,图书馆馆长应该虚心听取民主管理组织的意见,充分尊重馆员民主管理的权力,运用群众的智慧,集思广益,做好科学管理工作。

# 第七节  图书馆统计

## 一、图书馆统计的意义与作用

图书馆统计有几种不同的含义:一种是指图书馆的统计工作,即图书馆所做的搜集、整理、分析统计资料的全部工作;一种是指图书馆统计资料,包括统计数字和文字资料,即图书馆统计工作的成果;一种是指图书馆统计学,它是在图书馆统计工作实践的基础上发展起来的图书馆学的分支学科,是图书馆统计工作的理论概括和经验总结,并用以指导图书馆统计工作的实践。我们这里所说的图书馆统计,是指图书馆的统计工作,并且着重介绍与图书馆科学管理有关的部分内容。因此,从管理的角度来看,图书馆统计就是用数字来反映图书馆工作的实际情况,以便对图书馆实行计量化管理。它是图书馆的重要的管理制度和管理方法之一。

图书馆统计的作用,主要体现在以下几个方面:

1.图书馆统计是认识图书馆活动规律的有力工具。统计就是一种调查研究。统计是从事物的数量方面来反映、说明和认识事物;它是用数字来说话的,没有数字,就不是统计。人们可以通过大量的综合的统计数字与统计分析,去研究社会现象和自然现象,从而发现其发展变化的规律。图书馆统计也不例外。它也是通过大量的图书馆活动中的统计数字及其统计分析,去认识图书馆活动的规律性的。例如,对图书馆藏书增长的规律,对读者的阅读规律等等都要建立在精确的图书馆统计的基础之上才能进行科学研究的。

2.图书馆统计是开展图书馆业务工作的客观依据。图书馆业务工作的开展,包括工作量的规定,采购、流通等部门工作任务完成的情况,藏书复本量的确定、读者人数、借阅量的情况等等,都离不开图书馆统计所提供的数据。而图书馆的业务工作本身,又是图书馆统计存在的基础,离开了图书馆业务工作,也就没有图书馆统计;反过来,离开了图书馆统计,图书馆业务工作的计量及其分析也就失去了依据。

3.图书馆统计是图书馆科学管理的重要手段之一。它在管理图书馆的过程中的作用有两个不可分割的方面:一方面是统计服务,一方面是统计监督。统计服务指的是图书馆统计要为图书馆管理决策服务,一切统计数据和统计分析,都要从管理的需要出发去做,没有孤立的图书馆统计。统计监督指的是图书馆统计要及时地为图书馆的科学管理提供反馈信息,全面、准确地反映图书馆这架"机器"运转的情况,以便管理者制定新的决策,排除运转过程中的故障。

4.图书馆统计是图书馆学研究的重要方法之一。图书馆学研究的定量分析,就是建立在图书馆统计基础之上的。因此,深入开展图书馆学研究,就离不开图书馆统计。图书馆学研究中的布拉德福定律、普赖斯指数等都与图书馆统计有着极为密切的关系。

**二、图书馆统计的基本指标**

图书馆统计必须对图书馆工作的动态及成果(如藏书情况、读者情况和图书流通情况)进行科学的分析研究。也就是说,图书馆藏书、读者以及流通的数量、质量、增长速度,以及工作过程是否均衡都必须在图书馆统计中反映出来。因此,在图书馆统计的指标体系中包括着以下三种最基本的指标:

1.藏书量指标。包括图书、文献、资料的数量、品种、质量、价格指标等。一个完善的藏书统计必须反映出图书的入藏数量、入藏时间、价格、文种、来源和入藏图书按内容的分类数等。

2.读者量指标。包括当地的、外地的读者数量及其构成。一个完善的读者统计必须反映出读者的构成及其数量、读者数量的动态、读者与藏书的比例关系等。

3. 借阅量指标。包括图书借阅的分类数量及其与读者数量的比例关系等。一个完整的借阅统计必须反映出借阅图书动向的数量指标和质量指标。它是衡量图书馆工作好坏的重要指标。

### 三、图书馆统计分析及其方法

1. 图书馆统计分析的内容。图书馆统计分析就是对统计数字根据一定的要求进行比较分析和综合研究,从而掌握图书馆各种统计比率。这些比率,最基本的有六种,即藏书利用率、书刊流通率、读者到馆率、读者阅读率、图书拒借率和藏书保障率。它们反映了图书馆工作的实际状况和业务水平。在图书馆科学管理的过程中,一定要掌握这些比率的数据,从中研究提高或降低这些比率的措施,以便加强科学管理,提高服务水平。

2. 六种比率及其计算方法。

①藏书利用率。

指馆藏中被读者借阅的数量占全部馆藏总数的百分比。其计算方法是,用一定时间内读者借阅的总数除以馆藏总数。公式为:

$$\frac{读者借阅总册数}{全馆藏书总册数} \times 100\%$$

②书刊流通率。

指用于公开借阅的书库和阅览室的藏书被读者借阅的数量所占的百分比。其计算方法是:用某库、某室在一定时间内读者借阅的总册数除以该库、该室的藏书总数。公式为:

$$\frac{某库、某室在一定时间内读者借阅总数}{某库、某室藏书总数} \times 100\%$$

③读者到馆率。

指平均一个读者全年到馆的次数。其计算方法是:用全年到馆的读者人次除以读者的实际人数。公式为：

$$\frac{全年到馆读者人次}{读者实际人数} \times 100\%$$

④读者阅读率。

指平均每个读者所借的书刊资料的数量。其计算方法是：用全年书刊资料借阅册次除以实际借阅的读者人数。公式为：

$$\frac{全年借阅的总册次}{读者实际借阅人数} \times 100\%$$

⑤图书拒借率。

指读者在图书馆未借到的书刊数量占读者所要借的书刊总数的百分比。其计算方法是：将一定时间内读者未借到的书刊总数除以读者所要借的书刊总数。公式为：

$$\frac{未借到的书刊资料的总册次}{读者所要借的书刊资料的总册数} \times 100\%$$

⑥藏书保障率。

指以藏书为轴的图书馆藏书量对居民需要保障程度的指标。这种指标，主要是说明藏书量与居民人数之间的比例关系及藏书量与读者人数之间的比例关系。藏书量越大，对居民需要的保障程度就越高。其计算方法有两种：一是用藏书总册数除以学龄以上的居民总人数。公式为：

$$\frac{藏书总册数}{学龄以上的居民总人数} \times 100\%$$

另一种计算方法是：用藏书总册数除以读者人数。公式为：

$$\frac{藏书总册数}{读者人数} \times 100\%$$

3. 图书馆统计分析的方法与步骤。统计分析要求通过因果性的途径对统计资料进行分析研究，掌握引起数量变化的条件和原因，掌握数量变化带来的影响和效果。图书馆统计分析的方法，常用的主要有以下几种：

①分类统计分析法。

指经过统计,在获得大量资料和数据以后,根据统计分析的目的、要求,进行分类,再对各类进行分析、比较,掌握它们之间的内在联系。

②对比统计分析法。

它是分类统计法的一种变通方式。它将两个相联系着的标准数值进行比较。通过比较来掌握图书馆中不同领域的相互联系、相互制约的情况,以便搞好部门之间的协调。

③动态分析法。

主要是研究图书馆工作的发展变化,以及这种变化的趋势。它是建立在定量基础上的一种统计方法。

图书馆统计分析的步骤,一般地讲有三个:

①确定分析的目的,弄清楚统计所要解决的问题。

②审查统计资料。统计分析是建立在大量统计资料基础之上的。没有大量的、典型的统计资料,统计分析是不可能的。

③形成分析结果,提出分析意见和改进工作的方法和措施。

# 第八节　图书馆工作的评价

## 一、图书馆工作评价的意义

随着科学技术的发展,图书情报已成为人类的"第二资源"。作为开发和利用这一资源的图书馆工作,日益引起人们的注意。但如何加强图书馆的科学管理,提高其工作效率,尚未引起足够的重视。建立评价图书馆工作的标准,开展对图书馆工作的评价问题,是加强图书馆科学管理的重要一环。

图书馆工作的评价,实质上是图书馆工作效益的评价。所谓图书馆工作效益,就是图书馆工作的劳动成果和资金占用、劳动消耗之间的比较关系。在图书馆工作过程中,用最少的资金和劳动消耗,获取最大的社会收益,充分满足生产、教学和科学研究的需要,这就是图书馆工作效益的基本内容。围绕着必须满足社会需要这个中心内容,正确处理资金占用、劳动消耗和最终劳动成果二者之间的关系,把它们有机地联系起来,使之更好地为社会服务,这就是我们研究图书馆工作效益的目的。图书馆运用科学的管理方法,用最少的资金和劳动消耗,换取书刊资料的高度流通,并正确处理二者之间的关系,达到既有良好的社会效果,又有高速度的流通,这就是我们所追求的工作效果。

衡量图书馆工作效益的大小,就必须进行效益分析。所谓效益分析,就是对影响图书馆工作效益的诸因素进行分析比较,区别利弊,指导工作。

根据价值工程原理,效益是可以运用数学方法进行计算的,其公式如下:

$$效益 = \frac{输出}{输入} = \frac{功能}{成本}$$

这里所说的功能包括两个方面的含义,对物来说,它表示物的用途;对人来说,它表示人所起的作用。成本指的是寿命周期成本,包括制造成本和使用成本。

从上面的公式可以看出,效益与功能成正比,与成本成反比。所以我们必须尽量增大图书馆工作的功能,降低成本,以取得良好的效益。对于图书馆来说,它的功能的大小,是考察图书馆工作效益的关键所在。众所周知,图书馆是根据本身藏书的多少,人力和设备的实际情况,来满足读者需求的。这种满足读者需求的能力,就是图书馆的功能。这个功能愈大,成本愈低,则效益愈显著。功能和成本是两项综合性的指标,在图书馆整个工作过程中,它们以各种不同的方式影响着图书馆工作效益的大小。我们应经常从图书馆工作过程的各个环节来分析、考察图书馆工作的成果与资金占用、劳动消耗之间的关系,把效益分析同图书馆具体工作联系起来,不能只看书刊资料流通量的大小,更重要的是要看它对于读者需求的满足程度。

## 二、图书馆工作的评价标准

从以上分析可以看出,评价一个图书馆工作的优劣,就是看它完成任务的社会效益。图书馆工作效益,是由它收藏的文献中所含的情报量、情报质、情报效果三个方面来衡量的。因此,评价图书馆工作的标准就是衡量上述三个方面的数量分析和质量要求。

1. 情报量和情报价值。

图书馆在社会中的作用大小,在很大程度上取决于它是否掌握一定数量和一定价值的图书情报。图书馆的首要任务,就是适应科学技术发展的需要,根据自己的方针任务,以最快的速度,通过多种途径搜集国内外的文献资料并传播于社会。丰富而有价值的文献资料是图书馆工作的物质基础。情报价值是由情报准确程度、新颖程度和实用程度确定的。有价值的图书情报量愈大,对社会的贡献就愈大,从而也就证明图书馆工作效益好。因此,情报量和情报价值是评价图书馆工作的一个重要标准。

2. 情报利用率。

对于图书馆来说,就是要使它搜集和存贮的图书情报为更多的人所利用。图书馆为四个现代化服务,就是通过它拥有的图书情报来提供服务。图书情报利用者越多,图书情报利用率就越高,社会受益也就越大。因此,图书馆应高度重视图书情报的传递和使用。

图书情报利用率的高低,是衡量情报价值和评价图书馆工作最具体的标准,它既有数量分析,又有质量要求。只要图书馆建立起图书情报利用率的统计制度,就可以定期进行系统分析,及时检验图书馆各工序的薄弱环节和存在的问题,不断改进自己的工作。提高图书情报利用率,是扩大和提高图书馆工作效益的重要一环,图书馆应采取多种服务形式,加速图书情报的传递和使用,充分发挥"图书情报资源"的作用。

3. 情报效果。

图书情报作为一种资源,必须通过开发和利用才能充分发挥它的作用,也才能显现出它的效果。提高情报效果,是图书馆工作的中心环节。所谓情报效果,应当包括三项内容:①情报在经济交流和技术引进中所起的作用;②情报在生产和技术革新中的作用;③情报活化为生产力后的经济效益。评价图书馆工作的优劣,就是看它所提供的图书情报在上述三个方面所起的作用的大小。

在这里简要地介绍图书馆工作的经济效益问题。所谓经济效益,是指生产中花费的劳动和生产资料同取得的社会产品的比较。在生产中,如果能用少量的劳动和生产资料而取得较多的产品,经济效益就大,反之就是经济效益小。什么是图书馆工作的经济效益? 诚然,图书馆工作本身一般不直接产生科技成果,科技成果是科技人员直接创造的,但图书馆工作效果却渗透在科技成果之中,两者不能截然分开。因此,图书馆工作的经济效益就反映在科技成果之中,没有科技成果也就没有图书馆工作的经济效益。关于经济效益的概念可以用下述公式来表示:

$$经济效益 = \frac{使用价值}{消耗的劳动 + 生产资料}$$

这个公式表明,无论是增大分子或是减小分母都会带来经济效益的增值。而图书馆工作所起的作用是减少消耗的劳动,即减小分母的作用。比如,一项科研项目,如果不利用图书情报资料需要一年才能完成,利用了图书情报资料只要三个月便取得了成果,图书馆工作为这项科研项目节省了九个月的时间,也就是节省了九个月的科研劳动。这就是图书馆工作的经济效益。因此,图书馆工作能否取得经济效益,也是评价图书馆工作优劣的标准之一。

## 第九节　图书馆工作标准化

### 一、图书馆工作标准化的意义

图书馆工作标准,是指图书馆工作、技术、设备等的数量和质量的规格和要求,这种标准是经过国家标准机构或有关部门鉴定和认可并予以颁布的。

所谓图书馆工作标准化,就是对图书馆业务工作的技术方法及设备等实行统一的原则的规范。

图书馆工作标准化,是现代图书馆的一项重要的基础工作,是科学管理的重要组成部分,是实现图书馆现代化的必要条件。没有图书馆工作标准化,各馆各搞一套,各行其是,图书馆工作只能停留在手工方式的个体的落后的操作水平上;没有图书馆工作的标准化,图书馆现代化技术就不能充分发挥作用;没有图书馆工作标准化,图书馆的协调与协作就要受到限制;没有图书馆工作标准化,图书馆的科学管理也就很难达到高水平,更不能实现集中统一的领导。

当今,电子计算机已应用于图书馆工作的很多领域,如果没有全国范围内的图书资料统一分类法、汉语主题词表、图书统一著录条例、统一著者号码表、图书馆业务通用技术规格,以及图书馆现代化设备和现代化技术的统一标准,就会给使用计算机系统带来很大障碍,也难以实现图书馆工作的自动化和组成现代化的图书馆网络。由此可见,图书馆事业的现代化必然要求相应地发展图书馆工作的标准化;而图书馆工作的标准化又将促进图书馆事业的现代化。

## 二、图书馆工作标准化的原则

图书馆工作的标准化同各行各业的标准化一样,存在于自身的一切业务活动中,是图书馆事业发展的必然产物。实践证明,图书馆工作的标准化,就是揭示图书馆各项业务工作的客观规律,使之上升成为具有普遍意义的准绳,用来指导和推动各项业务工作的开展。各项工作的各个环节,原则明确,规格划一,有了统一的标准尺度,就能够保证图书馆各项工作的顺利进行。

在图书馆工作标准化过程中一般应注意遵循以下的原则:

1.科学性原则。图书馆工作标准是从事图书馆工作的依据和准绳,它揭示了图书馆工作的内在联系,因而它就具有科学性。不科学的标准就不能统一大家的思想,也就不能指导大家的行动。

2.简化原则。这是标准化工作中必须重视的一项原则。现代图书馆工作时刻都在受到文献量的不断增加及文献内容和形式日趋复杂的冲击。在这种情况下,不但会造成了人力财力的浪费,而且还会延误知识财富的有效使用。控制这种日趋复杂的现象,使文献处理走向简单化的重要方法之一,就是实现文献工作标准化。在标准化工作中,贯彻简化原则,一定要从标准化的整体出发,从全局来衡量,不能只注意局部而忽视整体。

3.统一原则。这也是标准化工作必须贯彻的一条重要原则,因此有人把标准化称为统一化。但标准化工作中的统一,并不是简单的统一,这主要是由于任何事物都存在质和量及不同运动规律的差别。标准化不是人为的,不能把毫无联系的事物拼凑起来强行统一。这种不符合客观规律的统一,不但不能促进标准化的发展,反而成为标准化的阻力。

图书馆工作标准化本身就是意味着用规范化的标准来统一图书馆工作,没有统一,标准就没有普遍意义。因此,图书馆工作标准在制订过程中大都在统一化上下功夫,但也有些标准没有很好地贯彻统一化原则。如国际图联的国际书目中心制订的国际标准书目著录格式(ISBD)的各种不同类型文献的著录规则,由于对统一的原则考虑得不够,而未得到国际标准化组织(ISO)的认可,至今还未成为 ISO 国际标准。因此,在标准化工作贯彻统一原则时,必须经过充分调查研究,进行全面的科学分析,多从全局考虑,慎重从事,不能简单地理解统一化就是标准化。

4.协调原则。协调原则是实现标准化的一项十分重要的组织原则。因为任何一个标准的制订、修订、推广都必须在有关部门的紧密协作下才能做到。这是协调原则的一个方面。协调原则的另一个方面是,任何一个标准都必须与其它一切有关的标准协调一致,否则就无法制定出高水平的标准。例如,制订有关文献自动化方面的标准时,必须与有关目录著录、出版格式、分类主题标引等标准协调一致,还要与信息处理、各种编码系统、硬件设备等有关标准协调一致。做不到这一点,就必然会破坏统一化原则,使制订出的标准无法推广。

5.稳定继承原则。有意识的控制混乱是标准化的重要目标之一。在制订任何一种标准的过程中,为了减少可能引起混乱的因素,必须注意贯彻稳定继承原则。稳定是指在制订标准时,必须注意使其能在一定范围和一定条件下,有一个相对稳定的时期。不能只考虑标准的科学性与先进性,而忽视标准的稳定性。为了使制订的标准能保持稳定,在考虑其标准水平时,不宜盲目追求过高的标准参数,而是要注意使标准处于适当平衡状态。标准订的过高或过低都会影响标准的稳定性。继承是指在制订、修订标准时,一定要注意其前后的连续性。例如,在制订目录著录标准时,就不能忽视图书馆的一些传统习惯。修订标准时不能忽视原标准的一些规定。在制订标准过程中如不注意贯彻继承原则,常常会使新订的标准无法执行。

### 三、图书馆工作标准化的内容

图书馆工作的标准化,自十九世纪五十年代美国实行统一编目开始,到本世纪七十年代初期《国际标准书目著录》(初稿)的出版和美国图书"在版编目"的出现,在国际上经历了一百二十多年的发展过程;在我国,本世纪五十年代后期开始了中文、西文、俄文图书的统一编目工作,七十年代初期出版了《中国图书馆图书分类法》,最近几年来,全国文献工作标准化技术委员会制定了十二项文献工作国家标准(经国家标准局批准发布的),其间经历了二十多年的发展过程。国内外所颁布的各种图书馆工作标准,内容丰富,种类繁多,涉及到图书馆工作领域的很多方面。

1.按使用范围划分,图书馆工作标准有以下四种:

①国际标准:经国际标准化组织通过、适用于国际间的标准。例如,1971年国际图书馆协会联合会编目委员会在英国伦敦发表的《国际标准书目著录格式(ISBD)》(初稿)及近年来出版的著录总则(ISBD〔G〕)、专著的著录规则(ISBD〔M〕)、连续出版物著录规则(ISBD〔S〕)、图谱资料著录规则(ISBD〔CM〕)等等,对目录著录格式作了国际性的标准化规定,构成了目前世界各国所能接受的统一著录规则,也为编制统一的国际机读目录创造了条件。

②区域性标准:经区域性标准化组织通过、适用于世界某一区域的标准。例如,本世纪二十年代和三十年代欧洲大陆各国大多数图书馆采用的《普鲁士规则》和英、美等国家采用的《英美编目条例》(AACR),对著录方法主要是著录标目的选择作了区域性的标准化规定。

③国家标准:经过国家标准化组织批准的适用于某一国家的标准。例如,经我国国家标准局批准并公布实施的《文献著录总则》(GB3792·1—83)、《检索期刊条目著录规则》(GB3793—83)、《文献主题标引规则》(GB3860—83)、《文献类型与文献载体代

码》(GB3469—83)等十四项文献工作国家标准。这些国家标准基本上都是参照了国家标准而制订的。

④馆标准:经馆长或馆务委员会批准,仅适用于某一馆的标准。我国许多图书馆的工作条例、规则、细则大都属于这一类。随着图书馆工作标准化的发展,馆标准必将为国家标准所代替。

2. 按内容划分,图书馆工作标准有以下三种:

①图书馆工作的基础标准,包括名词、术语、符号、标志和定义等方面的标准。

②图书馆工作的方法标准,包括图书馆各个工作环节操作过程中的条例、规则或规程等方面的标准。

③图书馆的设备标准,包括有关各种设备的形状、尺寸、质量、性能等方面的标准。

### 四、我国文献工作标准化的现状

我国是一个历史悠久的国家,在文献的出版、管理等方面有着很丰富的经验。但从文献工作标准化来看,基础十分薄弱,与国际上有较大的差距。1979 年,经国家标准局和国家科委批准,在江苏无锡召开了全国文献工作标准化技术委员会成立大会。这个技术委员会是制订、复审与修订文献工作国家标准和专业标准的技术性组织,也是宣传、推广文献工作国家标准和专业标准及组织有关科学研究与学术活动的学术性机构。它直接接受国家标准局的领导。其工作范围包括:图书、情报、档案等传统的和自动化实践中的标准化工作,并参与国际标准化组织的文献工作标准化技术委员会(ISO/TC—46)和缩微工作标准化技术委员会(ISO/TC—171)的国际活动。

全国文献工作标准化技术委员会现在下设缩微工作、文字音译、专业术语、自动化、词表、分类法和标引、目录著录、出版物规格化等七个分技术委员会以及设备用品工作组,这样就使我国文献工作标准化进入了稳步发展的崭新阶段。

五年多来,在中国标准化综合研究所的指导下,全国文献工作标准化技术委员会的各个分委员会主要归口单位——北京图书馆、中国科学技术情报研究所、中国科学院图书馆、中国文字改革委员会,通力合作,相互支持,主动承担了归口范围内的标准化工作,制定了十二项文献工作国家标准。这些标准都是经国家标准局批准并公布实施的。(参见:现有文献工作国家标准简表)

**现有文献工作国家标准简表**

| 序号 | 标准项目名称 | 国标号码 | 实施日期 |
|---|---|---|---|
| 1 | 图书、杂志开本及其幅面尺寸 | GB788—65 | 1965 |
| 2 | 技术标准出版印刷的规定 | GB1.2—81(修订) | 1973 |
| 3 | 人的性别代码 | GB2261—80 | 1981.7. |
| 4 | 中华人民共和国行政区划代码 | GB2260—82(修订) | 1981.7. |
| 5 | 世界各国和地区名称代码 | GB2659—81 | 1982.1. |
| 6 | 文献目录信息交换用磁带格式 | GB2901—82 | 1983.1. |
| 7 | 中文书刊名称汉语拼音拼写法 | GB3259—82 | 1983.2. |
| 8 | 科学技术期刊编排规则 | GB3179—82 | 1983.7. |
| 9 | 中国各民族名称罗马字母拼写法及代码 | GB3304—82 | 1983.11. |
| 10 | 检索期刊编辑总则 | GB3468—83 | 1983.11. |
| 11 | 文献类型与文献载体代码 | GB3469—83 | 1983.11. |
| 12 | 文献著录总则 | GB3792.1—83 | 1984.4. |
| 13 | 检索期刊条目著录规则 | GB3793—83 | 1984.4. |
| 14 | 文献主题标引规则 | GB3860—83 | 1984.9. |

采用国际标准和国外先进标准是我国的一项重要技术经济政策,是技术引进的重要组成部分。已经公布实施的上述文献工作国家标准,大多数项目都是将国际标准的内容,通过分析研究,结合我国国情制订的,使我国标准的水平和国际水平之间的差距消除或大大缩小。目前,国际上从事标准化活动的组织除 ISO、IEC外,还有 IFLA、FID、UNISIST 等。在深入分析了 IFLA 的 ISBD

（G）、ISBD（S）、ISBD（M）、ISBD（NBM）、ISBD（CM）之后,我国也将逐步建立自己的文献著录标准体系。

为了提高图书情报工作的效率,并为实现自动化做好准备,必须尽快实现文献工作标准化。为此,在文献工作标准化活动中必须正确处理传统工作方法与标准化的关系,国家标准与国家标准的关系,手工操作与自动化的关系,图书情报、档案及出版系统之间的关系。我国已成立了全国文献工作标准化技术委员会这样一个制订、宣传、推广文献工作国家标准的机构,只要各单位间很好地合作,我国文献工作标准化也会像其它事业一样,不断地向前发展。

# 第八章　图书馆现代化

## 第一节　图书馆现代化的含义和标志

### 一、图书馆现代化的含义

什么是图书馆现代化,对这个问题的看法,目前不完全一致。要用概括的语言给它下个定义,看来是很困难的。我们认为,看问题不应从抽象的定义出发,而要从客观存在的实际出发。为此,我们试从分析国际上"现代水平"的图书馆工作入手,从中引出合乎实际的结论。

在采购工作方面,现代化主要体现在:①在馆际之间,实行分工协作,协调采购,资源共享;②广泛采用国际交换的方式获取国外书刊资料;③参考咨询专家与社会上的专家相结合,以保证藏书质量;④采用电子计算机选书、查重、打订单、催询、建立财产账等。

在编目工作方面,现代化主要体现在:①实行统一编目,使编目工作标准化、协作化;②采用电子计算机统一编目、联机编目,资源共享;③加强主题目录,开辟新的检索途径,增强检索性能;④联机检索、书本目录、卡片目录与计算机输出缩微胶片(COM)等多种目录混合使用。

在典藏工作方面,现代化主要体现在:①实行三线典藏借阅制度,扩大开架范围,方便读者使用,建立储存书库或储存图书馆,集中保存和共用一个地区的不常用图书,以缓和各图书馆书库空间的紧张程度;②实现图书资料缩微化,以利于保管和少占用书库空间;③在书库和出纳台之间实行机械化传送;④采用消毒、防霉等科学方法保存书刊,以延长书刊的寿命。

在流通工作方面,现代化主要体现在:①采用电子计算机进行借阅、登记、催书、预约、统计等,实现流通工作计算机化;②开展馆际互借与国际互借,扩大资源共享范围;③采用静电复印技术,向读者提供所需资料的原文。

在参考工作方面,现代化主要体现在:①加强参考工作,实行专业化分工;②采用现代化的和传统的手段,广泛地开展咨询服务。

在文献检索工作方面,现代化主要体现在:①用电子计算机编制二次文献,加快出版速度,同时出现了二次文献磁带版——文献数据库;②电子计算机技术与现代通讯技术相结合,实现了国际间的联机检索网络化;③检索方法科学化,出现了后组式的逻辑组配检索、定题情报提供(SDI)与回溯检索(RS),使文献检索工作进入了全新时期。

通过以上对现代化图书馆工作主要环节的分析,我们可以比较清楚地看出,图书馆工作现代化有四个要素:①现代化的技术手段与物质条件;②图书馆工作的科学方法;③现代化的科学管理;④高效率地满足读者的图书情报需求。因此,图书馆现代化就是应用现代科学技术,特别是以电子计算机为核心的技术手段,采用先进的图书馆工作的科学方法,实行现代化的科学管理,高效率地满足读者对图书情报的需求。

电子计算机、缩微复制、静电复印、机械化传送、视听设备等新技术与新设备的应用,使图书馆工作建立在全新的技术基础之上。缩微复制是图书出版与图书典藏工作的新发展,出现了部分取代印本纸张的新载体;静电复印是图书外借的延长;机械化传送是图书馆工作人员手臂的延长;而视听技术则是读者阅读方式的创新和发展。这些新技术与新手段,使图书馆工作达到了前所未有的新水平。

## 二、图书馆现代化的标志

由于科学技术的不断发展,图书馆现代化的标志也不可能是固定不变的。从国外的发展情况来看,图书馆现代化的主要标志大体上包括以下八个方面:

1. 电子计算机在图书馆工作中的应用。应用电子计算机是图书馆现代化的中心课题,它在图书馆的应用范围很广,图书馆的大部分工作都可以使用计算机。例如,图书编目、文献检索、流通管理、图书采购管理、期刊管理、行政管理和工作统计等等,都可以使用电子计算机。这样,就使图书馆工作在一定程度上实现了自动化,读者获得完整的、全面的、最新的文献资料的可能性增加了,获得文献资料的范围扩大了,速度加快了,从而使文献资料的利用越来越趋向社会化。

2. 文献缩微技术与复印技术的应用。缩微复制技术的应用,产生了图书资料缩微化的趋势。这包括两个方面:一是图书馆备有缩微复制设备,将馆藏书刊资料缩微复制之后予以保存和向读者提供缩微复制服务;二是在国外有许多出版机构,专门从事图书资料的缩微出版工作。因此,缩微复制品在图书馆藏书中已占有一定的比例。静电复印技术在图书馆的应用也是相当普及的。许多地方,不仅图书馆自己购置复印机,为读者进行复印服务,而且一些复印公司也将复印机放到图书馆,驻馆开展复印业务。静电复印速度快,复印件同原件相同,不需要阅读器就可以阅读,所以这种比较先进的复制技术在图书馆中得到了广泛的应用。

3. 声像技术在图书馆的应用。声像技术是指录音、录像、电视、电影等技术。这是电化教育的重要手段,也被广泛应用于图书情报的传递之中。声像制品具有可以闻声见形,给人以直感的特殊效果,所以近年来发展很快。像唱片、录音带、录像带、电影片、幻灯片等声像技术的"软件",在国外已广泛出版发行,图书馆已普遍进行收藏和出借。这些视听资料对于传播科学技术知识,提高服务效果都有着独特的作用。

4. 图书馆网络化。在这方面,由于电子计算机与现代通讯技术相结合而产生的计算机网络技术,为图书馆网的扩大和发展提供了新的物质条件。加入图书馆网络,不仅可以共享图书资源,而且还可以进行采购、编目等方面的协作。因而就出现了以电子计算机为基础的各种图书馆协作系统和一些大规模的联机情报检索系统。这些都标志着图书馆网的发展进入了的新阶段。

5. 图书文献工作标准化。标准化是实现图书馆现代化的重要前提,图书馆设备的现代化,要求图书资料著录法、分类法、叙词表的标准化,文字缩写法、字译法的标准化,书目编制的标准化,缩微复制品、视听资料的标准化,计算机情报载体及记录格式的标准化等等。标准化要求每项工作不单是在一国之内要有统一的标准款式、规格、制度和条件,而且要尽可能地做到在国际上便于转换互通,力求规格与标准的统一。没有标准化,就不可能实现文献检索网络化。

6. 图书馆工作过程的机械化、自动化。在这方面,除了电子计算机的应用外,还应包括传输和通讯联络的机械化、自动化。图书馆传输的机械化,主要指出纳台和书库之间、书库内各层之间的机械化。主要设备有垂直传送装置和水平传送装置等。除书库和出纳台采用机械化设备外,在馆内通讯、藏书保护、图书加工等方面,也可以采用机械化、自动化设备。

7. 组织管理科学化。图书馆采用现代化技术必须有一定的组织基础,要有科学管理工作与之间相适应。在每个工作环节和整个网络的建设中,要预先搞好切实可行的、合理的系统分析和系统设计,并根据工作程序,按照规程进行工作,确实保证质量。在经常的管理工作方面,要建立高度严密的规章制度,坚持严格的岗位责任制,保证不出或少出故障。必须有一套科学的管理方法和严格的管理制度,才能保证现代化设备的合理利用,才能充分发挥现代化设备的功能。

8. 工作人员专业化。有了现代化设备,还需要一批具有一定的科学技术水平的工作人员去操作和使用。由于设备的现代化和组织的网络化,对图书馆工作人员的要求无论在业务知识、科学技术知识及管理操作能力等方面都大大地提高了。原来传统的业务知识和技能已逐渐满足不了现代化的需要了,必须培养一大批掌握图书馆新技术的人才。工作人员专业化水平的高低,直接关系着书图馆现代化的速度,关系着现代化设备的利用程度。

## 第二节　电子计算机在图书馆现代化中的地位

### 一、电子计算机是图书馆现代化手段的核心

电子计算机的应用,在图书馆现代化过程中处于主导地位,这已为国外图书馆现代化的实践所证实。电子计算机在图书馆现代化中的核心地位主要表现在以下三个方面:

1. 电子计算机是人的大脑的扩大。电子计算机能代替工作人员进行图书情报的加工与处理,如采购查重、编印订单、编排目录、借阅登记、催书、预约、统计制表、查找目录、文献检索、编制书目索引,以及计算机的自动分类、自动标引、自动做文摘等等。这一切,不是照样复印,而是代替人的智能,对图书情报信息进行加工与处理,改变其内容和形式,以便能高效率地满足读者的需要。

2. 电子计算机的应用能影响图书情报工作的全局。电子计算

机用于图书馆工作,不是仅用于某一个局部,而是应用于图书馆工作的各个环节,从而改变了图书馆工作的总体面貌,形成为计算机化的图书馆系统。也就是说,电子计算机使图书馆工作建立在全新的技术基础上,这种影响图书馆全局的特殊作用,是其它新技术所不具备的。

3. 在图书馆应用的许多新技术中,电子计算机是中心环节。在现代化图书情报工作中,电子计算机能带动其它新技术的应用和发展,它能控制各种设备的使用,是许多新技术应用于图书馆工作的中心环节。电子计算机输出缩微胶片或缩微胶卷(COM),电子计算机输入缩微胶片或缩微胶卷(CIM),视听资料的联机数据库(AVLINE),电子计算机控制的缩微品检索系统,电子计算机控制的书库自动化设备和传送装置,电子计算机技术与现代通讯技术相结合而形成的现代化图书情报检索网络等,电子计算机是这些现代化设备的带头技术,是这些新的技术手段的大脑、核心和指挥。未来的发展趋势是电子计算机将各种设备连成一体,形成现代化图书情报工作的技术系统,使图书情报服务工作达到前所未有的新水平。

### 二、电子计算机的应用与传统的图书馆工作的变革

电子计算机在图书馆工作中的应用,使传统的图书馆工作发生了巨大的变化。从变化的性质来讲,这是从传统的图书馆工作向现代化的图书馆工作的转变。这种转变主要体现在以下五个方面:

1. 图书馆工作方式的变化。电子计算机用于采购、编目、流通和文献检索中,由电子计算机代替了人的手工劳动,虽然工作实质没有变化,但工作方式却发生了根本的变化。联机检索、联机编目和新的设备、新的工作方式代替了旧的方式,一些传统的工作方式不用了,或者是传统的工作方式与电子计算机的方式并存,书本目

录、卡片目录、COM 目录和终端联机查目并用。

2.图书馆网络的变化。传统的图书馆网,主要是指图书馆之间建立的一种互借图书、互通信息的关系,它主要依靠邮政来交流信息与资料。现代化图书情报网则不同,除了这种协作关系外,还由电子计算机与通讯设备将网内的图书馆相互联结起来,通过计算机网来交流信息和互相检索文献,可做到在网内的一个地方,可以查找网内各个单位的图书情报资料,有利于实现资源共享。这个进展,国外称之为"联机革命"。

3.图书馆情报服务工作的变化。读者来到图书馆的要求是:通过检索和查找读者目录,借阅到所需要的图书情报资料。联机检索和计算机化的联合目录查找,从根本上解决了图书情报资料的检索问题。计算机化的 SDI 服务和 RS 服务,使读者能从各种角度和多种途径检索到最新文献和一定期限内的文献,而且可以通过联合目录查出这些有用文献的收藏单位。这一发展,促进了图书情报服务工作的集中化趋势,加强了馆际之间的合作,做到国家或国际范围内的资源共享,由此出借、阅览和复制工作量也随之增加,提高了图书情报利用率。

4.图书馆体制和人员的变化。图书馆工作现代化的特点之一是集中化、协作化和网络化,这就要求在管理体制上与之相适应。一个图书馆的管理,要作为图书馆网的有机组成部分,协调一致地进行管理。各个图书馆内部的管理,也要适应现代化的要求,管理要科学化、制度化,采用系统分析的科学方法。

现代化图书馆工作要求工作人员与之相适应。一方面是图书馆工作人员的结构发生了变化,增加了电子计算机的硬件、软件、系统及操作人员;另一方面是图书馆工作人员专业水平的提高。随着现代技术在图书馆的应用,图书馆工作人员要学习新技术,掌握新技术,要有较高的专业水平。

5.图书馆学与情报学学科的变革。由于电子计算机的引进,突破了传统的图书馆学和情报学研究领域。一方面产生了一些图书馆学、情报学同计算机科学交叉的学科;另一方面向传统的图书馆学、情报学灌输了新的内容。情报检索、图书馆自动化、图书馆系统分析及计量书目文献学等新的交叉学科不断涌现,新的名词术语层出不穷。当前的图书馆学、情报学课程的设置已发生了适应这一变革的转化,这在我国已有所反映。实际上,这是图书馆学、情报学的新发展。

### 三、我国图书馆应用电子计算机的条件分析

我国图书馆应用电子计算机到底需要哪些条件呢? 有一种意见将这种条件概括为三个字:硬、软、库。"硬"指电子计算机硬件,即机器设备;"软"指电子计算机软件,即情报检索和图书馆自动化各项应用的软件;"库"指文献数据库,即各种机读二次文献(机读目录)。

后来,有人对这种意见作了补充,认为我国图书馆应用电子计算机除"硬"、"软"、"库"三个条件外,还应加上"机房"和"计算机技术人员"两个条件。

很明显,上述条件是基本的。通过对国内外图书馆应用电子计算机的情况分析发现,仅有上述条件还是不够的。还缺什么条件呢? 就是环境条件。这种环境条件始终在影响并制约着图书馆应用电子计算机的发展。环境条件主要包括以下三个方面:

1. 业务环境。应用电子计算机,总是要在具体某项业务环节上应用,这项业务必须具有应用电子计算机的环境。例如,搞机读目录,就应有可靠的手工目录数据,有标准化的著录条例和目录组织规则。如果某一图书馆单独建立机读目录,其结果是事倍功半,必须有集中编目或协作编目的条件,即编目工作社会化的环境。归结起来,图书情报资料的搜集和数据准备和科学管理,以及同电子计算机的要求相适合的业务方法、标准化和传统方式与机器方

式相结合等,是业务环境的关键问题。没有与之适合的业务环境,或对某些不适合的业务环节不加以改变,是难以实现计算机化的。

2. 技术环境。电子计算机技术是当代的先进技术,它的应用不仅本身的技术要求严格,而且要有一定的技术环境。例如,建立联机检索网络,就要有适合的通讯技术环境,要有现代通讯的条件。技术环境涉及到整个国家的技术、设备及有关原材料的情况,这对图书馆应用电子计算机的制约作用是很大的。

3. 社会环境。图书馆应用电子计算机是技术问题,但它同社会的联系是密切的。例如,当前的情报检索,大都是查找外文文献,如果社会上或某一地区的读者,外文水平较低,用户很少,即使其它条件全都具备,其检索系统的利用率也不会是很高的。由此可见,社会上人们的文化水平、情报意识、求知欲望也制约着现代技术的应用与发展。

通过上面的条件分析,我们可以看出在我国目前情况下,图书馆采用电子计算机是有困难的。但是,自 1975 年我国开展电子计算机应用试验以来,至今不仅有了数十个情报检索和图书馆自动化的试验系统,而且从 1980 年起,已有了几个情报检索的实用系统。有些 SDI 服务获得了科研人员的好评,在科研工作中发挥了作用。这个事实证明,当前我国图书馆应用电子计算机,不仅可以开展应用的研究试验,而且可以开始一定程度的实际应用。但是,由于我国目前条件所限,在拟建一个系统时,必须进行切实的系统分析和可行性研究,要着重分析现行工作是否具备了转化为计算机操作的条件,分析环境因素是否允许开展计算机的应用,分析建立系统本身需要哪些条件……。这些分析要周密细致,起步要特别慎重,尽量避免走弯路。只要我们积极而又慎重地对待电子计算机的应用问题,从无到有,由点到面,计算机这项新技术,一定能够在我国图书馆工作中扎根,并带动整个图书馆工作现代化。

## 第三节　新技术革命与图书馆

当前,在世界范围内兴起的新技术革命的浪潮正在不断高涨。人类社会的生产和生活,也正在随着新技术革命的发展而不断发生深刻的变化。受浪潮的冲击,存在了几千年的图书馆也面临着严峻的考验。在这一节里,我们将概略地讨论新技术革命与图书馆之间的关系,弄清新技术革命对图书馆产生的影响,以便深入认识图书馆的本质,明确图书馆的发展方向,迎接新技术革命的挑战。

### 一、新技术革命概述

一般认为,我们今天讲的新技术革命指的就是现代技术革命。它发端于经济发达的国家,是一种"科学技术群"的革命。这个新的科学技术群,主要包括这样一些内容:信息技术、生物技术、新材料技术、新能源技术、海洋开发技术、空间技术以及系统工程方法等等。它起源于本世纪四十—五十年代。自七十年代以来,新技术革命得到了迅猛发展,在发达国家里,它已经渗透到社会生产和社会生活的各个领域,对经济增长和社会演变产生了广泛的影响。

新能源技术产生于第二次世界大战结束的前后。1942 年建成了第一座核反应堆,1945 年爆炸了第一颗原子弹,1955 年建成了第一个商用核电站。这些技术的产生,标志着人类掌握了新的能源,从此开始了人类利用原子能的时代。

电子计算机技术产生于四十年代中期。1946 年,世界上第一台电子计算机问世,紧接着微电子技术也迅速发展。1948 年,美国科学家发明了晶体管,1959 年,集成电路研制成功,1967 年大规模集成电路又研制成功。1971 年,美国英特尔公司研制成第一个

202

微处理器,它是一块 0.5 厘米见方的硅片。1976 年,该公司开始生产在一块硅片上有二万个晶体管的八位计算机。从 1946 年到 1976 年,在三十年的时间里,计算机技术和微电子技术的发展,经历了电子管、晶体管、集成电路和大规模集成电路四代,其间运算速度提高了一百万倍,价格降低到原来的万分之一。据说,发达国家的工业总产值有 58% 左右与计算机技术和微电子技术有关。

生物技术的发展开始于五十年代。1953 年,人类首次发现了生物的遗传基因——脱氧核糖核酸(DNA)的双螺旋结构。此后,科学家开始破译遗传密码,并提出了遗传的中心法则。1973 年,人类第一次实现了对遗传物质——基因的剪接和重组,从而使人工定向地组建有特定遗传性状的生物体成为可能。

1957 年 10 月 4 日,苏联成功地发射了第一颗人造卫星,它标志着人类的活动开始越出地球的限制,进入了宇宙空间。以后,美国发射了载人宇宙飞船,实现了登月,并进行了多次航天飞机的飞行。目前,空间技术已达到实用的阶段,对社会的政治、经济生活发生了越来越大的影响。

海洋开发技术是在第二次世界大战以后开始形成的。1946 年,美国在近海水深十几米的地方,成功地采用了钢结构平台开发大陆架石油的技术。这一成就,证实了人类利用海底资源的现实可能性。六十年代以后,发达国家普遍开始重视海洋的开发利用,并且先后制定了有关的法律。专家们认为,海洋开发正进入成长期,方兴未艾。它已成为世界新技术革命的重要内容和显著标志之一,正显示出无比的生命力。

材料是工业的基础,是技术进步的关键。新型材料是新兴技术的物质基础,没有半导体材料,便不可能有目前的计算机技术;没有现代高温、高强度结构材料,就没有今天的宇航工业;没有低损耗的光导纤维,就不会出现光信息的长距离传输,也就没有光通信。因此新型材料技术也是新技术革命的重要标志。

系统工程是和新技术革命共生的一门关于组织领导的技术科学。它是在纯技术工程中产生和发展起来的。五十年代以后，它开始进入社会科学的领域，并且对社会的生产和生活都产生了巨大的影响，从而引起了各行各业的专家们的注意。实际上，系统工程的出现和广泛应用是新技术革命在管理工作中的具体体现。因此，系统工程方法对于新技术革命的发展，起到了重要的组织保证作用。

　　新技术革命的特征和意义主要表现在以下几个方面：

　　1. 历史上的技术和工业革命，从本质上说，是以各种工具机（如纺织机等）和动力机（如蒸汽机等）的发明和普遍应用为主要标志的。而新技术革命则是以控制机（电子计算机）的发展和普遍应用为主要标志的，并且，它是一场多技术群的革命。它以电子计算机为核心，以微电子技术为先锋，以生物技术和新型材料为两大重点，以光和激光、新能源、海洋开发和空间开发为四大前沿。新技术革命必将导致社会生产力的新飞跃，并使之达到前所未有的深度与广度。

　　2. 新技术革命将促使整个产业结构、经济结构及人们的观念形态发生很大的变化。新技术的突破，最终都会导致新的产业出现，其中发展最为迅速的是信息产业。从1973年到1982年的十年时间里，美国信息产业的年增长率超过15%。据美国国会估计，到本世纪末，信息产业的产值可能上升为第二位（第一位是能源）。随之而来的是人们的观念形态的变化。在农业社会，人们的眼光着重于历史，在工业社会，人们想的更多的是现在，而在信息社会，人们的注意力将转移到将来。

　　3. 新技术革命的发展，将使知识和智力的开发越来越成为决定生产力发展速度和经济竞争力高低的关键因素。工业化社会，主要追求的是大量生产，因此要消耗大量物质，而现在则正在逐渐向"信息经济"过渡，即减少物质消耗而增加信息量。因此知识的重要性越来越显著。通过这场革命涌现的不仅是千百万科学家，而是要使全社会的人都掌握一定的新技术和新知识。没有技术和知识，人们将无法从事正常劳动，也无法生活下去。新技术革命将促进人类的知识素质和技术素质上升到一个新的高度。知识和技术将在社会上享有崇高的地位。

4.信息技术的发展，将使人类的劳动方式发生革命性的变化。新技术革命与以往历次技术和工业革命的根本区别就在于：以往历次技术和工业革命所带来的人类劳动方式的变革，都是用机器部分地代替人类的体力劳动；而新技术革命的目的则在于用"机器"——如电子计算机，包括应用计算机和集成电路所制造的各种新的机器，部分地代替人类的脑力劳动。因此，过去的机器是人手的延长，而今天的"机器"则是人脑的扩大。随着电子计算机的广泛应用，人们还将大大地提高思维劳动的效率。

5.新技术革命还将使生产组织和管理体制方面不断发生变化。一些新的专业化、现代化的小企业层出不穷，管理体制逐渐由垂直的管理层次向网状结构发展。网状结构使得横向联系增多，垂直层次减少，信息传送快，决策程序少，效率高，反应变化快。

6.由于技术发展的不平衡，加剧了发达国家之间的竞争。一个国家、一个民族对新技术的拥有量和使用量以及所达到的水平，将成为衡量国力强盛与否的主要标志。谁拥有最新、最高的技术，谁就将在世界经济大竞争中处于主导地位。

总之，这场新技术革命在人类社会的生产和生活中所起的巨大作用是前所未有的。对此，我们必须给予充分的注意，并且不断研究新技术革命带来的一系列新问题，制定对策，迎头赶上。

## 二、新技术革命对图书馆的影响

由于这场新技术革命的主流和核心是信息革命,它的目的是为了扩展人类的信息功能,特别是其中的智力功能,因而,新技术革命从一开始就与图书馆有着某种天然的联系,以至于图书馆的前途命运要受到新技术革命的制约。可以说,新技术革命对图书馆的影响是多方面的,潜移默化的,归纳起来主要有三大方面:

第一方面是对图书馆发展趋势上的影响。

大量事实表明,历次科学技术革命都伴随着人类信息交流方式和手段上的变革。而信息交流方式和手段上的变革,又反过来促进科学技术革命的发展。社会文明的程度越高,人类信息交流的速度也就越快,内容就越丰富,形式就越是多样。而且,科学技术革命是根据人类与自然、与社会斗争的需要,沿着人类自身进化的路线逐渐发展起来的。每当人的天赋功能不能适应斗争的需要时,人们就会把注意力转向扩展和延伸自己的各种功能这方面来。以往的科学技术革命大都是为了扩展和延伸人手的功能,而这次新技术革命则为了扩展和延伸人脑的信息功能,即扩展和延伸人的视力、听力和人脑处理信息的速度、精度和存储信息的能力等等。那么,图书馆作为人脑记忆功能的外化形式,也就随着新技术革命的到来,而发生必然的变化——它已不单纯是社会的记忆器官,而且还要投入人类的智力开发工程,还要提高社会文献信息的处理能力等等。因此,图书馆的变革也就成为信息革命的内容之一了。

实际上,作为局部意义下的信息革命,即扩展人类局部信息功能的变革,如语言、文字的出现,纸张和印刷术的发明,图书馆的产生等,在历史上已经发生过多次,但是,以全面扩展人类的信息功能,特别是人类的智力功能为目标的革命,则只能发生在当代。因而,作为人类文献信息搜集、加工、处理、存储、传递的中介物——

图书馆,在这次全面的信息革命的形势下,其变革也就是必然的了。这也就是新技术革命给图书馆发展带来的大趋势。这是不以人的意志为转移的客观存在。

第二方面是对图书馆发展的相关因素的影响。

1.新技术革命对社会政治、经济形势的影响,促使图书馆发生变革。前面已经提过,新技术革命的发展将使社会的产业结构、经济结构、观念形态、劳动方式、生产组织与管理等许多方面发生变化,特别是使知识和智力的开发成为生产发展和社会进步的关键,这就为图书馆的发展、变革提供了一个社会环境。

2.随着新技术革命的发展,科学研究和教育事业也不断发生变化,这种变化成为图书馆变革的客观依据。科学研究的变化,最根本的是提高思维效率,也就是提高知识劳动的生产率的问题。统计资料表明,在过去,一个研究人员至少有50%的时间用于查阅文献,30%以上的时间用于做实验,真正思考问题的时间只有7%。而利用电子计算机和信息库则大大减轻了人们从事机械性思维劳动的负担,使人们将更多的精力集中于思考问题,进行创造性思维活动。这种情况就迫使图书馆进行相应的变革,直到能满足研究人员的需要为止。

教育的变化集中为一点,就是变过去的传授知识为进行智力开发,变正规教育为终身教育。由于信息革命而引起的计算机在教育方式和手段上的应用,使得视听教学、程序教学、计算机辅助教学、计算机管理教学等教学方式和手段上的变化层出不穷,极大地提高了教育质量。与此相适应的是图书馆的计算机化,使教师与学生都能通过计算机检索所需要的资料。

因此,科研和教育的变化,就使得为它们服务的图书馆不得不进行相应的变革,否则就要被时代所淘汰。

3.信息革命的直接后果之一就是"信息爆炸"。文献数量的剧增,使得图书馆再也不能靠过去的传统方法对文献信息进行加工、处理了。必须做出相应的变革,才能完成社会文献流整序的任务。根据联合国教科文组织的统计:目前世界上的基础科学学科主要专业有 538 个,技术学科专业领域有 412 个。全世界每年发表各种论文约 500 万篇;每年平均登记专利约 30 万件;每年出版图书 50 万种(其中科技图书 12 万种)。全世界出版物信息量为 4000 亿字符(拼音字母及数字),平均每人为 100 字符。

**世界年平均总信息量**
(出版物、电报、电话、广播、电视等)

| 六十年代 | 七十年代 | 八十年代 |
|---|---|---|
| 72 万亿字符 | 232 万亿字符 | 500 万亿字符 |

随之而来的是科学技术的更新期缩短,知识老化的速度加快。

**科学技术的更新期**

| 十八世纪 | 80—90 年 |
|---|---|
| 十九至二十世纪 | 30—40 年 |
| 本世纪初至五十年代 | 15—20 年 |
| 七十年代以后 | 5—10 年 |

在信息社会里,一个国家信息量的增加,是其文明程度加深的重要标志之一。大量信息,只有用计算机进行存储、检索和过滤,才能迅速、可靠、有效地加以利用。文献信息的处理也不例外。以文献信息为工作对象的图书馆就必须进行相应的变革,才能驾驭文献信息,实现自己的目的。

4. 由信息革命带来的观念形态上的变化,给图书馆的变革提供了新的概念基础。

与信息和情报相比,知识的概念出现得比较早(指进入科学领域)。它是人对事物的认识和经验的总和,是人类社会特有的精神产品,具有鲜明的主观性。知识的产生靠人类的实践,离开了实践,也就无所谓知识。

情报则不同,它既可以是一种知识,也可以是一种事实、一个数据、一件史料。它既可以反映人们的思维成果,也可以反映人们的思维过程。它既可以向人们提供成熟的精神产品,也可以向人们提供正在形成中的思路或稍纵即逝的思想火花。因此,情报不等于知识。情报被引进科学领域,并形成专门的情报学,也是信息革命的结果。人们不满足掌握已形成的知识,还要了解其它与自己的目的有用的东西。因此,情报的概念便应运而生。它也具有极强的主观性。它是在人们为了特定的目的,而对客观事物的运动情况进行选择并加以传递之后才产生的。离开了选择和传递,也就无所谓情报。

　　信息与知识和情报都不同。它们之间的本质区别就在于信息是客观的。它是事物本性的反映,每一个信息都是它所表征的对象的反映。因此,宇宙就为两大层次构成:一是原型的物质世界,二是作为其反映的信息世界。二者实为一体,是统一的物质世界的两个方面。不论你承认与否,信息都是客观存在的。它是物质运动的产物。人脑作为高度完善的物质,一方面它能够反映物质世界的信息,另一方面,它本身反映信息的过程,也是一系列信息活动。信息概念被引进科学领域,犹如爱因斯坦发现"相对论"一样,为人们认识世界开辟了一个广阔的天地。它正在成为同物质一样的"最基本的概念",对它只能进行说明和承认,并且用它去为其它概念下定义,而不能由其它概念来给信息下定义。因此,信息可以被认为是表现事物特征的一种普遍形式。人们不仅利用它来认识世界,而且还利用它来改造世界。

　　由此可见,知识(生活知识、社会知识、文化知识、生产知识和科学技术等专业知识)是某个范畴内系统化和优化的信息。而科学知识则是在一个门类中符合客观规律的系统化和优化的信息。情报则可以看成是某种狭义的信息,即关于某个特定方面的情况报告——"特定的信息"。或者说,情报是为了某种目的而进行的选择和传递的信息。

那么,我们所说的信息革命究竟是什么意思呢?从本质上说,信息革命主要指人类处理信息的方式和手段的革命。人脑作为信息处理器官已不适应信息社会的信息处理要求了,必须创造一种新的人脑代替物,扩展和延伸人脑的信息功能,才能跟上时代发展的步伐。因此,电子计算机便脱胎而出了。这就是信息革命的基本内容。

信息与情报的概念,为图书馆的变革提供了新的认识论范畴。它们对图书馆在观念形态上的影响,远比"知识"要大得多。作为新的观念,信息与情报还向图书馆提出了新的任务和要求——处理信息,传递情报,创造知识。同时,信息与情报及其有关学说,也为图书馆的演变,奠定了思想上、理论上的基础。

第三方面是对图书馆本身的影响。

这种影响是直接的、多种多样的。这种影响有的已经起了作用,有的正在起作用,有的将要起作用。概括起来,这些影响主要是从以下几个方面体现出来的:

1.新技术革命将使图书馆的性质、职能发生变化,随之而来的是图书馆的地位将得到提高,其作用将得到扩大。新技术革命的直接后果之一是信息产业的出现。信息产业一旦形成,就对社会的经济产生巨大的影响,其产值迅速增加。图书馆作为信息产业的一个部门,其性质则开始由不是经济实体而转向成为经济实体,因而,它的依辅性就会大大地被削弱,一种新的属性——企业的属性将会出现。同时出现的是图书馆将具有生产的职能。它在对社会文献信息流整序之后,将生产出社会需要的情报和知识,这种生产也将为社会增加新的产值。此外,图书馆还将生产各种形式的缩微图书——供家庭和个人使用的图书馆的缩微复制品。

2.新技术革命对图书馆工作方式和手段的影响。目前,在发达国家中,图书馆的工作方式正在向自动化的方向发展。在美国,经过了长期的酝酿、准备,在实验的基础上,基本上实现了书刊采购、编目、管理、流通的自动化。实现自动化的物质基础就是电子计算机。除了电子计算机在图书馆的应用之外,缩微视听设备的应用,也使图书馆的工作手段发生了革命性的变化。读者可以非常方便地利用缩微视听设备查找自己所需要的资料。

3.新技术革命对图书馆馆藏的影响。新型材料技术使人类信息交流的载体不断发生变化。图书已不是图书馆的唯一收藏品。在美国国家农业图书馆,收藏有 170 万卷藏书,40 万张缩微平片及一万卷缩微胶卷。美国国家医学图书馆拥有一个庞大的视听系统,制作和收藏 11,000 件磁带、幻灯片和磁层(magnetic layer)。磁层可贮存任何图像,包括幻灯片、照片、显微片等等。随着馆藏形式的变化,图书馆的形态也将起变化。一个小型图书馆可以为几张光盘所代替。传统图书馆的形态在人们的心目中将越来越淡漠。

4.新技术革命对读者需求的影响。由于新技术革命促使知识生产和智力开发成为决定生产力发展速度和经济竞争力高低的关键因素,所以,人们越来越要求不断地进行学习,实现知识更新,以适应社会的发展。因此,反映在读者需求上就出现了多样化的情况。传统意义的图书馆读者的成分也将发生变化,人们将坐在家中利用微型电子计算机或者联机检索的终端来查找所需要的资料。所以,几乎人人都可以成为图书馆的读者。

5.新技术革命对图书馆工作人员的影响。新技术革命的浪潮猛烈地冲击着人们原有的知识结构。新思想、新理论的出现,加快了人类知识更新的速度。图书馆工作人员的知识结构至此才开始出现革命性的转机,"通才"型知识结构也才开始有了现实的可能性。当然,随着图书馆形态的变化,图书馆工作人员的数量将减少,而其素质将越来越高。

6.新技术革命对图书馆之间的联系的影响。由于电子计算机的普遍应用,图书馆网络化的趋势已经形成。馆际协作随着联机网络的形成而开始活动,大批图书馆通过联机网络而采取各种形式结合起来,实行"资源共享"。

7.新技术革命也使得图书馆的管理工作科学化、自动化,图书馆工作效率得到极大提高。

## 第四节 图书馆的未来

随着信息社会的到来,图书馆的未来呈现出光明的前景。尽管我们现在还无法准确地预测出图书馆演变过程中的种种细节,但是,未来图书馆的雏形已经在发达国家中显露端倪,对这些情况的了解和分析,可以使我们窥见图书馆未来的发展趋势。所以,我们就能够依据这些事实,对未来图书馆概貌,作出逻辑上的判断和推理。这也就是我们预测未来的现实基础。而马克思主义的历史唯物论则为我们进行预测提供了理论上的依据。

综合上面两节所讲的内容,我们可以对图书馆的未来趋势,作如下几个方面的认识:

### 一、社会图书馆系统的形成及其结构特点

现代图书馆的结构是工业社会的产物。为适应工业社会人们集中使用文献的需求,现代图书馆在结构上一般都有如下几个特点:

1.有固定的建筑和设备。现代图书馆离开了建筑和设备就无法开展工作。因此,一定的建筑和设备是图书馆开展工作的首要条件。

2.书库、阅览室、检索工具室三位一体。现代图书馆为了便于读者集中使用文献,在内部结构上采取书库、阅览室、检索工具室

三位一体的形式。这三个环节,少了其中的任何一项,都会给读者集中使用文献带来极大的不便。因此,这种三位一体的形式就构成了现代图书馆内部结构的骨架。

3. 从宏观上看,现代图书馆呈"点"状结构。图书馆个体之间,缺少纵横交错的联系。每个"点"都有各自的读者群,而且,每个"点"在一般情况下,都排斥其它"点"的读者群。

现代图书馆在结构上的特点,是由人们集中使用文献的需求所决定的。随着信息社会的发展,文献数量的急剧增长,使现代图书馆的结构再也无法保持原样了。另一方面,读者对文献使用方式上的变化,也使得现代图书馆的结构面临着一场危机。同时,信息社会所带来的新技术、新的社会环境也为图书馆的结构变化创造了良好的条件。在信息社会中,图书馆结构上的根本性变化,就在于社会图书馆系统的形成。所谓社会图书馆系统,就是指根据一定的目的和原则,相互联系着的各种图书馆系统的社会群体。在这个系统中,一切局部图书馆系统都成为它的子系统。图书馆再也不是以互不联系的个体或局部图书馆系统的形式为社会服务,而是以社会图书馆系统的整体形式为社会服务。以往图书馆在结构上存在着的孤立状态,将朝着社会图书馆系统的整体化方向转变。那么,这个社会图书馆系统的内部结构又是怎样的呢?根据发达国家的现状来看,它是一种多层次的、纵横交错的网状结构。概括起来,这种网状结构有如下一些特点:

1. 社会图书馆系统中的子系统,专业化分工越来越细。根据我国学者的考察(见《全国农业图书情报中心考察组赴美考察报告集》第104页),美国目前已经出现了两种专门化的网络系统:一种是情报检索系统,另一种是编目、连续出版物管理、采购和馆际互借等方面的网络系统。

情报检索系统有五个,即:①洛克希德公司的 Dialog 系统;②系统发展公司(SDC)的 ORBIT 系统;③书目检索服务公司的 BRS

系统;④国家医学图书馆的 MEDLARS 系统;⑤纽约时报社的 NY-TIB 系统。它们拥有绝大多数市售的和系统自建的数据库,各需要单位只要很简单地装设终端,就可通过网络检索任何一个系统的文献和数据,一个终端也可检索多个系统。

另外,在编目等方面形成了三大网络系统,即:①联机计算机图书馆中心(Online Computer Library Ceutr 简称 OCLC);②研究图书馆情报网络(Research Library Information Network 简称 RLIN);③华盛顿图书馆网络,(Washington Library Network 简称 WLN)。其中 OCLC 和 RLIN 网络是美国东西部最有影响的两大网络,而 OCLC 网络以成立最早、范围最大、成员最多、影响面最广而著称。在 OCLC 网络系统中,还有五个子系统,即:编目子系统、期刊管理子系统、馆际互借子系统、采购子系统和机构名称、地址子系统。

这种在分工基础上建立起来的图书馆子系统,构成了社会图书馆系统的基本组织和骨架。其中任何一个子系统的活动都具有自己的特点,是不能被其它子系统取代的;同时,所有子系统的活动,又都是互相配合的,都是社会图书馆系统整体活动的一部分。

2.电子计算机是社会图书馆系统网状结构的灵魂。有了它,这个结构才得以成形并产生活力。因此,电子计算机是社会图书馆系统存在和发展的关键因素。电子计算机中心及其终端就构成了这个网状结构的经线和纬线,它们的相互联系正体现出这个结构中的神经系统的功能。同时,网状结构的活动特点,集中体现在电子计算机的活动方式上。

在美国,联机网络的发展,使大批图书馆通过各种形式结合起来。图书馆之间通过联机网络相互联系,从而在检索、采购、编目、流通、馆际互借等方面都实现了自动化管理。

在检索方面,以 Dialog 系统为例。1972 年以来,该系统拥有自然和社会各学科的文献档计 175 个数据库,8000 万个记录。这些数据库记录来自 40 多种文字、60000 多种杂志。通过它可以检索世界上绝大部分文献,比检索任何单学科的数据库要全得多,而且检索速度也快。图书馆只要与该系统订立合同,设立检索终端,就可以为读者进行各种课题的检索服务。

在采购方面,利用电子计算机可以进行采购协调工作,避免盲目采购所造成的浪费。参加网络的成员图书馆,在考虑采购某一本书时首先通过终端调阅网络中心的采购档,查看本馆和别的图书馆是否已采购此书。如果本馆已购入,一般就不再采购;如果附近图书馆已采购,则可通过馆际互借或复制加以利用,不必再购;如果本馆和附近图书馆未曾采购而决定购入,则按终端屏幕上显示的著录格式进行著录,把书名、出版商、出版地址、价格、采购日期等输入电子计算机,以备查用。

在编目方面,利用电子计算机进行统一编目,避免了重复劳动。各网络成员馆在为新书编目时先通过终端调阅网络中心数据库中的目录档,查看此书是否编目。如果已有此书编目记录,则输入本馆代号,向网络中心订购该书的目录卡片即可;如果没有该书的编目记录,则根据 MARC 磁带的著录格式,为该书输入原始编目记录和本馆代号,供其它成员馆利用。

在流通方面,利用电子计算机进行流通管理,提高了服务效率。目前,在美国市场上有出售的图书馆自动化流通系统的成套设备,这种设备主要由流通档案资料库和读者登记档案资料库两类计算机可读资料库组成,由计算机自动相互联接。该设备能够核查借书证的合法性,自动计算应还日期,预约借书,对过期图书打印催还单,注销丢失图书,编制读者借书清单等。因而实现了对分散的借书记录实行集中的管理。

在馆际互借方面,正是由于电子计算机的使用,才使得这项工作得以顺利进行。网络成员馆可通过终端将要借的书的书名、索书号、作者、出版单位、出版年月等打入网络中心的借阅档,各成员馆每天用其终端向网络中心查一次有什么人,在什么地方,向其借阅什么书,并将其打印出来交流通部门办理借阅手续。一般两天左右将书或复制品寄出,并由终端通告网络中心某书某日已寄出。借阅者也可通过终端查看他所借的书是否寄出,何时寄出。一般这种借书记录在网络中心保存四天,四天后即消除。

3.随着电子计算机的应用,社会图书馆系统将把自己的"网点"张向世界的各个角落。其布局,一方面是高度的分散,另一方面又是高度集中,同时朝着国际化的方向发展。

目前,美国的 OCLC 网络系统的成员馆已有 3300 多个,而且每月仍然平均有 20—30 个新的图书馆用户加入到该网络系统中来。美国的 80% 的大学图书馆、50% 的公共图书馆、100% 的研究图书馆都参加了 OCLC 网络。在欧洲、大洋洲和美洲,直接或间接利用 OCLC 联机系统的国家有英国、西德、芬兰、澳大利亚、墨西哥和加拿大。因而,OCLC 直接和间接服务的图书馆大约有 6000 多个。这种分散与集中高度统一的格局和国际化的发展趋势,就使得文献信息资源的共享逐步成为现实。

4.在社会图书馆系统的网状结构中,图书馆的形态将发生各种各样的变化。传统图书馆的形象将从人们的记忆中逐渐消失,而新型图书馆的多种类型及其形象,将逐渐为人们所接受。产生这一现象的根本原因,在于文献信息的载体形式发生了变化。机读型、缩微型和视听型文献的大量涌现,使得以印刷型文献为主要收藏对象并在此基础上形成的图书馆,不能不首先从观念上发生变化。新型文献不断改变着图书馆藏书的成分和结构,因此,情报所、数据库、咨询公司等各类文献信息服务部门将与传统图书馆并驾齐驱地活跃在社会生活中。这样,从宏观上把这类机构当作一种系统来认识,便是自然而然的了。目前。一张直径为 12 吋的激光存贮片,可存贮三千册书籍。家庭型小图书馆已经出现,售价一万美元。此外,家用电子计算机终端已研制成功。人们可利用这种终端查询天气预报、电视节目、重要新闻、地区时差,甚至查阅百科全书的条目。

总之,对于未来图书馆形态上的变化,我们还无法掌握得十分具体、详细。但是,对于这种变化的趋势我们则是可以认识的,其关键是在于社会图书馆系统本身就为多种形态的图书馆的存在提供了条件。

## 二、未来图书馆将成为信息产业的重要部门

目前,信息已成为人类生产中的重要资源。信息产业方兴未艾,迅速发展。根据专家的预测:从 1985 年至 1990 年,世界信息量每年增长率将为 18%—20%。1983 年底,美国的信息量输入计算机,并通过计算机网络投入的应用率已达 24%,到 1990 年预计将达 40%—45%。现在,谁拥有高水平、高容量、高效能的信息量,谁就会在世界上处于战略主动地位。因此,发达国家都在下大气力发展信息产业,如一些咨询服务公司、软件开发公司等在许多地方层出不穷。据美国估计,到本世纪末,直接从事信息产业的人将由目前占产业队伍总人数的 12% 左右增加到 25%。文献信息产业将成为信息产业的重要的方面军。在未来的五至十年中,通过报刊、杂志等文学工具传递的信息仍处主导地位,视听工具也将大量被应用并显示其威力。因此,图书馆作为文献信息产业的主力军,将得到很大的发展,产生许多使人意想不到的变化。图书馆对于社会经济所起的作用,不但不会缩小,反而会越来越大。它将会成为人们生产和生活中一刻也离不开的法宝。而在信息产业的发展过程中被淘汰的,则只能是传统图书馆的形态,以及人们(包括图书馆工作者)的传统观念。

实际上,美国的 OCLC 网络系统同时也是一个计算机系统的研制、修理和销售的商业机构。它经常设计和研制一些新的系统投放市场。它的年收入已从 1967 年的 6.7 万美元,增加到 1982 年的 6110 万美元。这些收入,不是用来增加职工工资,而是用来

发展事业。到 1983 年 4 月,该系统已有正式职工 544 人。分七个业务部门:计划和研究办公室、行政管理部、销售与用户服务部、操作部、产品发展部和系统工程部。它已经成为美国最大的图书馆网络,也是一个重要的信息产业部门。

### 三、图书馆服务方式的多样化发展

随着科学和教育事业的发展,人们对文献的需求方式也发生了多种形式的变化。因此,图书馆的服务方式也必须随之改变。那种坐等读者上门的被动服务方式将逐渐为主动服务方式所取代。

在服务方式的多种变化中,终端服务是具有代表性的。社会图书馆系统的形成为终端服务提供了条件。目前,在美国,情报检索系统的终端,装到了科学家的家里或议员的办公室里。从终端上不仅可以得到文献的线索,而且可以订购获得文献的复印本。因此,许多科学家和教授一般不亲自上图书馆借阅文献,而是通过电话和计算机终端、电传向有关的情报检索系统或图书馆传递信息。例如,美国国家农业图书馆每天到馆的读者平均只有十多人,而每天通过电话、电传、计算机终端和邮寄索取资料的申请达 420 多件。再如,美国国会图书馆,在华盛顿设 2000 个终端,每个众、参议员办公室都有一个终端,随时查阅文献。

此外,在服务方式的变化中,文献信息的传递方式也由单向传递变为复向传递。以往,图书馆只是单向地为读者(用户)提供所需文献,未来图书馆则变单向为复向,即读者(用户)也可以利用终端向网络中心传递文献信息。这样就大大地提高了传递的速度和效率。目前,这种变化仅仅在网络系统的成员馆中进行,不久的将来,即可以在读者与图书馆网络系统中间进行。

## 四、随着电子计算机技术的发展，未来图书馆将由人类记忆的社会装置而演变成为部分地代替人类思维的社会装置

现在,电子计算机已经可以具有推理和判断的能力了。当然,这种能力会发展到什么程度,现在还处于研究探索之中。但有一点是可以肯定的,即:借助电子计算机可以大大提高思维劳动的效率。社会图书馆系统的网络中心和信息库,可以通过终端为读者服务,从而节省人们收集资料的时间和脑力劳动,大大地减轻了人类从事机械性劳动的负担,提高了思维劳动的效率。因此,由于电子计算机的应用,未来的图书馆将逐渐变为部分地代替人类思维活动的一种社会装置。

总而言之,图书馆的未来的前景是诱人的。图书馆的地位,会在信息社会中空前提高。将来,无论图书馆的名称会发生怎样的变化,其功能必将随着社会的进步而越来越多,作用越来越大。对此产生的任何怀疑的论点和悲观的情绪迟早是会被消除的。未来的大门,永远向改革者敞开着。让我们脚踏实地干起来吧,图书馆的未来是属于我们的。

# 参考文献目录

## 一、著作

1. 《迎接新的技术革命——新技术革命知识讲座》(上、下册) 中共中央组织部等主办 湖南科学技术出版社 1984 年

2. 《语言文字的信息处理》 陈明远编著 知识出版社 1982 年

3. 《全国农业图书情报中心考察组赴美考察报告集》 中国农业科学院科技情报研究所编印 1984 年

4. 《全国文献工作标准化技术委员会成立大会专集》 全国文献工作标准化技术委员会编 1979 年

5. 《全国文献工作标准化技术委员会第二届全体委员工作会议文件》 1984 年

6. 《图书馆工作概要》 周文骏著 天津人民出版社 1980 年

7. 《图书馆学概论》 四川省图书馆学会主编 1983 年

8. 《图书馆工作概论》 喻子兵编著 广西人民出版社 1982 年

9. 《普通图书馆学》 (苏)O. C. 丘巴梁著 徐克敏、郑莉莉、周文骏译 书目文献出版社 1983 年

10. 《图书馆学基础》 北京大学图书馆学系、武汉大学图书馆学系合编 商务印书馆 1981 年

11. 《图书馆专业基本科目学习问答》 书目文献出版社编印 1984 年

12. 《我国图书馆事业建设》 杜克、吴慰慈、赵厚源编著 吉林省图书馆学会印 1981 年

13. 《全国高等学校图书馆工作会议文集》 全国高校图书馆工作委员会秘

书处编印　1981 年

14.《图书馆网络》1976—1977　（美）S. K. 玛丁著　邓琼芳、蔡非译　廖子高校　书目文献出版社　1983 年

15.《图书馆管理学纲要》　于鸣镝编著　1982 年

16.《社会科学情报管理》　梁林德编著　1981 年

17.《图书馆统计学的理论与实践》　丁道谦著　四川省图书馆学会出版　1980 年

18.《科学交流与情报学》　A. 米哈伊洛夫著　科技文献出版社　1981 年

19.《图书情报工作概论》　辛希孟、孟广均编著　1982 年

20.《情报科学序说》　冈山诚司著　开城出版　1977 年

21.《情报学浅说》　J. 贝克著　刘昭东译　科学出版社　1977 年

22. The White House Conference on Library and Information Services – The Final Report. 1979.

23. Encyclopedia of Library and Information. N. Y. Dekker. 1978.

24. Tecld, L. A. : An Introduction to Computerbased Library Systetns, London. Heyden, 1977.

## 二、论文

25.《图书馆学的哲学研究述评》　庄义逊　中国图书馆学会基础理论讨论会论文　1984 年

26.《研讨理论　振兴学术　开拓前进——中国图书馆学会基础理论讨论会纪实》　刘迅　邵巍　《大学图书馆通讯》　1985 年 1:3

27.《国外的国家图书馆》　鲍振西　李哲民　《北图通讯》　1979 年第 4 期

28.《国家图书馆在图书馆事业中的地位和作用》　谭祥金　《北图通讯》　1979 年第 2 期

29.《中国科学院图书情报工作暂行条例》（试行草案）　《图书馆工作》　1979 年第 2 – 3 期

30.《中国国家图书馆简介》（A Short Guide to the National Library of China）　1982 年　北京

31.《科学图书馆的特点》　华勋基　《图书馆工作》　1979 年第 6 期

32.《谈少年儿童图书馆的几个问题》 郑莉莉 北京大学图书馆学系"五四"科学讨论会论文 1979 年

33.《图书馆工作的传递作用、体系和发展》 周文骏 《图书馆学通讯》 1979 年第 1 期

34.《图书信息的价值——变图书馆的封闭系统为开放系统》 谢有宁 《图书馆学通讯》 1984 年第 4 期

35.《对图书馆学研究对象的初步探索》 曾浚一 《中国图书馆学会第一、二次科学讨论会论文摘要》 书目文献出版社 1982 年

36.《关于图书馆学若干理论问题的思考》 沈继武 《图书情报知识》 1985 年第 1 期

37.《现代图书馆管理的特征、范围、对象及功能》 胡耀彬 《山东图书馆季刊》 1983 年第 1 期

38.《国民经济与社会发展计划中的图书馆事业》 张克科 《图书馆学研究》 1983 年第 1 期

39.《为建设现代化图书馆网而努力工作》 韩承铎 鲍振西 《北图通讯》 1978 年第 2 期

40.《我国图书馆网建设初探》 杜克 《图书馆学通讯》 1979 年第 1 期

41.《论我国图书情报检索的现代化问题》 刘荣 《武汉大学学报》(哲社版) 1978 年第 5 期

42.《美国的图书馆网》 巴·埃·马尔克森著 肖自力译 侯汉清校 《黑龙江图书馆》 1978 年第 4 期

43.《论我国图书馆网的建设》 梁林德 吴慰慈 《吉林省图书馆学会会刊》 1979 年第 1 期

44.《计算机在情报检索工作上的应用现状》 上海科技情报研究所 《科技情报工作》 1979 年第 6 期

45.《新中国图书馆事业建设的主要成就》 吴慰慈 《图书馆学通讯》 1984 年第 4 期

46.《从加强横向联系谈图书馆的体制改革》 罗健雄 《广东图书馆学刊》 1981 年第 3 期

47.《略论图书馆的资源共享》 曾仕任 《广东图书馆学刊》 1981 年第 1 期

48. 《利用 MARC Ⅱ 机读目录系统建立书目数据库共享情报图书资源的探讨》
    朱南 《图书馆学通讯》 1979 年第 1 期

49. 《列宁关于社会主义图书馆立法的理论和实践》 彭海斌 图书馆法学
    术讨论会论文 1982 年

50. 《国家图书馆政策与图书馆法》 庄义逊 图书馆法学术讨论会论文
    1982 年

51. 《通俗图书馆规程》 《图书馆规程》 见《东方杂志》第 12 卷 12 期
    1915 年

52. 《图书情报工作现代化的几个问题》 沈迪飞 《1981 年学术报告集》
    北京大学图书馆学系编印

53. 《论精神生产的特征及其科学管理》 李岩实 《兰州学刊》 1983 年第
    2 期

54. 《整顿和健全规章制度 提高管理水平》 管一丁 《图书馆》 1963 年
    第 1 期

55. 《办馆浅见》 鄂志文 《图书馆》 1963 年第 2 期

56. 《浅谈科学办馆》 郭星寿 《图书馆工作与研究》 1977 年第 2 期

57. 《新技术革命和情报图书工作的未来发展》 耿立大 《情报科学》
    1984 年第 6 期

58. 《"新技术革命"的挑战和图书馆界面临的任务》 郑章飞 《图书与情
    报》 1984 年第 1—2 期

59. 《展望新技术革命的前景 发展图书馆学研究》 吴乔生 《图书馆学研
    究》 1984 年第 4 期

60. 《图书馆工作效益初探》 邓广宇 《图书馆学刊》 1983 年第 1 期

61. 《也谈评价科技情报机构工作标准问题》 莫作钦 《科技情报工作》
    1980 年第 12 期

62. 《关于基层情报机构工作标准的评价问题》 纪晏平 《科技情报工作》
    1980 年第 8 期

63. 《关于图书馆工作标准化的若干看法》 罗健雄 《图书馆工作与研究》
    1979 年第 2 期

64. 《文献工作标准化》 朱南 《学术报告集》(北京大学图书馆学系编印)
    1981 年

65.《标准化是图书馆工作的当务之急》 黄俊贵 《图书馆研究与工作》
1980 年第 2 期